부자로 태어난 _____님께 드립니다.

더
플
러
스

1% 부의 시크릿을 더하는 17가지 법칙

THE PLUS

더 플러스

조성희 지음

다산북스

추천사

"기적은 행동하는 자에게 찾아온다!" 그것도 그냥 열심히 하는 것이 아니라 '마인드파워의 법칙'을 숙지하고 실천할 때 확실한 결과를 손에 넣을 수 있다. 나 또한 마인드파워를 공부하기 전과 후의 삶이 완전히 달라졌다. 마인드파워 스페셜리스트 조성희 대표가 발견한 행복한 부자들의 법칙을 실천해보자. 명확한 목표를 설정하자. 매일 내가 할 수 있는 일에 최선을 다하자. 더 없이 생생하게 나의 비전을 현실로 인식하자. 부를 향한 통로는 바로 당신 앞에 열려 있다.

— 켈리 최, 글로벌 기업 켈리델리 창업자,《파리에서 도시락을 파는 여자》저자

꿈꾸는 동안은 동안(童顔)이다. 부자가 되어 행복한 세상을 만들어보겠다는 꿈을 구체적인 이미지로 상상하는 사람만이 평범한 일상에서 벗어나 비상하는 미지의 세계로 향할 수 있다. 96%의 부를 누리는 1% 비범한 사람들이 발휘하는 색다른 마인드파워의 비밀이 궁금하지 않은가? 부자와 빈자의 간발의

차이를 파헤치고 구체적인 경험과 사례를 통해 누구나 부자가 될 수 있는 기발한 기밀을 보여주는 조성희 대표의 놀라운 통찰력에 감동하지 않을 수 없다. 이 책의 진짜 비밀은 감동받은 대로 행동하게 만들어서 여러분을 모두 부자가 되는 길로 인도하는 놀라운 방법을 실천하게 만드는 데 있다.

___ 지식생태학자 유영만, 한양대학교 교수, 《이런 사람 만나지 마세요》 저자

여자는 시집가는 게 최고의 성공이라고 믿는 가정에서 자랐고 집이 파산하는 바람에 온갖 아르바이트를 하며 간신히 대학을 마쳤다. 인생은 끝도 없이 나를 시험했다. 하지만 나는 포기하지 않았다. 내 꿈을 꽃피울 터전을 찾았고 나 자신을 누구보다 믿었다. 호주로 떠나 학업을 마치고 현지 회사에 취업해 임원까지 지냈지만 난 멈추지 않았다. 맨땅에서 헤딩하듯 창업한 회사는 아시아 11개 도시 진출을 이루어냈고 올해 창업 23주년을 맞는다. 세상 사람들은 항상 내 삶을 한계 지으려 했

다. 흔들릴 때도 많았다. 포기할 뻔도 했다. 하지만 나는 해냈다. 내 꿈을 하나도 빠짐없이 이룰 수 있었던 모든 비결이 바로 조성희 대표의 《더 플러스》에 고스란히 담겨 있다. 진정한 부는 인생을 마음껏 살아갈 수 있는 자유다. 책에 담긴 행복한 부자로 살기 위한 법칙은 당신에게도 삶의 무한한 가능성과 부의 길을 열어줄 것이다.

— 김은미 CEO SUITE 대표, 《대한민국이 답하지 않거든, 세상이 답하게 하라》 저자

25살, 인생의 바닥을 쳤던 나는 죽기 전에 이루고 싶은 꿈들을 써내려갔다. 당시의 내 상황은 너무나 비참해서 허황된 꿈을 꾸는 건 아닐까 걱정도 했지만 나는 계속해서 상상하고 나 자신을 믿고 행동으로 옮겼다. 그 결과 15년 만에 80개국에서 73개의 꿈이 이루어졌다. 이 모든 변화는 더 나은 삶을 간절히 원했던 내 마음이 만들어낸 힘, 그야말로 마인드파워 덕분이 아니었을까. 당신 역시 당신이 원하는 모든 것을 누리며 살기

위해 태어났다. 마인드파워를 통해 당신의 잠재력을 1,000% 아니 10,000% 끌어내길 바란다. 이 책이 당신의 여정에 힘이 될 것이다.

— 김수영, 《멈추지 마, 다시 꿈부터 써봐》 저자, 유튜브 김수영TV 진행자

"안녕하세요! 집 알아보러 왔는데요!"

평평 울어서 부운 눈, 기름진 머리, 추리닝 바람에 술 냄새가 풀풀.

누가 부동산 문 열기도 전에 아침부터 술주정을 하나, 나를 위 아래로 훑어보는 부동산에 있던 두 분의 눈빛이 잠깐 흔들린다.

"지금 당장 집이 필요해서요. 가장 빨리 들어갈 수 있는 곳 좀 보여주세요. 바로 계약할 수 있어요!"

"지금 이 동네에서 가장 빨리 가능한 집은 꼭대기 옥탑방밖에 없는데."

지하 사글셋방에서 20년 이상을 살아왔던 나는 '햇빛이라도 보이니 어디야?' 했지만, 옥탑방의 실상을 몰랐던 거였다. 그분을 따라 음산한 현관을 지나 귀신이 나올 것만 같은 계단을 올라가는데 오싹해졌다.

페인트가 오래되어 갈라진 건지, 건물이 갈라진 건지 '위에서 물이 떨어지진 않을까?', '건물은 무너지진 않을까?' 별의별 생각이 들었다. 좁은 복도의 계단은 얼마나 많은지 올라갈수록 아침까지 마신 술기운이 올라와 어지러웠다. 갑자기 도망치고 싶다는 생각이 들었지만, 어젯밤 언니의 말을 떠올렸다.

"내가 망했을 때, 그 동네에서 다시 재기했어. 그 동네 기운이 좋아! 거기서 다시 시작해봐!"

언니가 보증금 하라고 보내준 돈을 꾹 쥐며, '그래, 언니 말대로 여기 기운이 남다를 거야! 여기서 다시 일어날 거야!' 하고 되뇌었다.

녹슨 문 앞에 선 순간, 마치 감옥 문 앞에 선 기분이 들었다. '녹슨 저 구멍에 열쇠를 집어넣을 수 있을까?'

라는 의구심이 들었다.

"철컥!" 문을 따고 그 방을 본 순간, 내 가슴도 철렁 내려앉았다. 6평도 안 되는 공간에 바퀴벌레, 거미, 쥐들이 떼로 나올 것 같은 그곳을 본 순간 속이 울렁거렸다.

'나, 정말 여기서 2년을 살아낼 수 있을까?'

보증금 500만 원, 월세 40만 원. 강남에 이 가격으로 계약할 수 있는 곳은 거의 없다. 계약서를 쓰면서도 머리가 복잡했다. '내가 잘하고 있는 게 맞을까?' 나는 다시 마음을 다잡고, 부동산 실장님께, 큰 소리로 말했다.

"근데, 실장님, 여기가 그렇게 기운이 좋다면서요?"

실장님이 "네?" 하며 눈이 휘둥그레져 나를 쳐다본다.

"어제 친한 언니한테 들었는데, 이곳이 기운이 남다른 곳이라면서요. 여기서 다 잘되어 나간다고요! 저 그 기운 받아서 5년 후에 집 사려고요!"

그 실장님이 나를 위아래로 다시 훑어보며 말했다.

"뭐~~ 그러시던가요."

무시하는 눈빛, 비꼬는 듯한 말투, 술 냄새 풀풀 풍

기는 추리닝 바람의 여자가 아침부터 웬 헛소리를 한다고 생각했을 것이다. 나는 다시 한 번 가슴 깊이 다짐했다.

'그래! 5년 뒤 집 살 거야, 두고 봐!'

나는 본능적으로 밑도 끝도 없이 나 자신에게 암시를 걸고 있었다.

그래야 숨을 쉴 수 있을 것 같았으니까. 그래야 내가 살 수 있을 것 같았으니까.

2011년 11월, 인생에서 가장 힘들었던 두려움의 장벽에 부딪혔다. 가장 믿었던 두 사람에게 뒤통수를 크게 맞았다. 그 순간에는 너무나 충격을 받아 화도 나지 않았고, 온 몸이 떨렸다. 내가 진 빚도 아닌 채무를 갚아나가야 하는 충격보다도 더 아팠던 것은 믿었던 사람들에 대한 배신감이었다. 한동안 꿈속에서도 두 사람이 나와 나를 괴롭혔다.

방음도 제대로 되지 않던 그 옥탑방에서 나는 서럽게 목 놓아 울었다.

너희! 어떻게 나한테 그럴 수가 있어!!

내가 너한테 어떻게 했는데! 우리 부모님이 너한테 어떻게 했는데!

사람이라면 어떻게 그럴 수 있어?

거짓으로 가득한 너를 알아보지 못했던 내가 바보였지!!

내 눈에서도 그렇게 많은 눈물이 나올 수 있다는 것을 그때 알았다.

눈에서 피눈물이 나온다는 말이 딱 이런 말이었구나!

아무것도 못하고 있는 나에게 말없이 돈을 보내줬던 두 사람.

한 사람은 자신의 적금을 깼다. '넬라 판타지아'라는 적금통장의 이름을 만들어 자신의 '자유'를 꿈꾸며 저축하고 있던 그 귀한 돈을 나에게 보냈다. 그리고 그녀는 쿨하게 '나중에 여유될 때 갚아'라고 한 마디 했다.

다른 한 사람은 나에게 몇 번에 걸쳐 돈을 보냈다.

그 충격적인 날, 밤새 나와 술을 마시고, 그 술 마신 상태에서 옥탑방 보증금을 내라고 보냈다. 그리고 이어서 날아올 채무에 대한 비용도 보냈다. 충격에서 헤어나오지 못하던 한 달간, 아예 환경을 완전히 바꿔 한 달이라도 다른 나라를 다녀오라고 해외여행을 갈 비용까지 보냈다. 그녀 역시 이렇게 말했다.

"나중에 여유될 때 갚아."

고마움에 철철 눈물이 났다.

나라면 그녀들처럼 누군가에게 그렇게 해줄 수 있었을까? 그 두 사람의 찐한 마음을 느끼며 다시 새기고 새겼다. '다시 일어나리라! 난 할 수 있다!'

사실 나는 더 이상 떨어질 곳도 없었다.

내 계좌에 찍힌 돈, 1,000원.

새벽부터 밤까지 일만 한 지 벌써 1년이 다되어 가는데. '나 참… 1,000원이라니.'

가난에 대한 두려움과 마주해야 했다.

2년간 나는 실외 온도보다 높아 집 안이 사우나처럼

될 수도 있다는 사실을, 겨울에는 꼭대기의 외풍이 얼마나 심할 수 있는지 오리털 파카를 입고 오들오들 떨며 체감했다.

옥탑방까지 올라오는 수압이 약해 수도에서 물이 졸졸졸 나와 샤워를 할 때, 머리를 감을 때, 빨래를 할 때마다 얼마나 시간이 많이 걸릴 수 있는지, 수압의 중요성을 제대로 느꼈다.

새벽부터 밤늦게까지 일하며, 하루에 2~3시간 자며 철저히 홀로 버틸 수 있다는 사실도 배웠다. 사실 빚을 갚아나가며 꿈속에 반복적으로 나오는 그 인간들에 대한 분노, 아픔을 마주할 때마다 두려웠다.

2년간 수많은 두려움들과 마주하며 나를 살렸던 것은 마인드파워였다.

'5년 뒤에 집 산다!' 내가 바라는 집의 이미지를 찾아 옥탑방 구석 창문 앞에 붙여두고 상상의 나래를 펼치면 나는 그 집에서 폴짝폴짝 뛰어다니며 웃고 있었다. 상상 속에서 깨면 6평의 추운 누추한 공간이었지만 다시 눈을 감고 상상하면 따뜻해지며 행복한 잠자리에 들 수가 있었다.

몇 년이 지나, 우연히 아는 분 소개로 아파트를 돌아보게 되었다. 집 몇 곳을 돌아보던 중, 한 집에 들어간 순간, 너무나도 따뜻했다.

'어! 어디서 많이 본 집인데? 왜 이리 친숙하지?'

옥탑방 작은 창문에 붙였던 그 거실이다! 상상의 나래를 폈던 바로 그 집이었다! 머리끝부터 발끝까지 소름이 돋으며, '여긴 내 집이다' 그냥 온 우주가 말을 해주고 있었다!

처음으로 내 집을 갖게 된 날, 집 계약을 하고 보니, 계약서가 '2016년 11월!'이 아닌가!

"실장님! 저 5년 후에 집 사려고요!"라고 밑도 끝도 없이 말했던 정확히 그 날짜였다!

그 순간 눈물이 핑! 돌았다.

'아!! 정말 감사합니다! 감사합니다!'라는 말이 나도 모르게 절로 튀어나왔다.

지금 돌아보면, 인생에서 가장 힘든 시기 중 하나였지만, 가장 감사한 순간들이기도 하다.

그 경험들 덕분에 지금의 내가 있을 수 있었기 때문이다. 철저히 홀로 견뎌냈던 2년간 나는 더 단단해졌고, 수압이 세다는 사실에조차 기뻐하며 매일 감사할 수 있는 사람이 되었고, 어떤 상황이 와도 흔들리지 않는 신념이 내 잠재의식 속에 장착되었다.

지난 12년간 마인드파워 교육을 통해 수많은 사람들의 삶이 바뀌고 행복한 부자가 되어가는 것을 보았다. 세상 무너질 듯한 표정으로 와서 눈물을 쏟아내던 사람들, 분유 값도 없어 쩔쩔매던 사람들이 어느 날 집 사고, 땅 사고, 드림카를 사고, 자신이 원하는 실적을 달성하고 여유로운 모습으로 마인드파워 수업에 다시 나타난다. 월 100만 원도 못 벌었던 사람이, 5년 만에 월 2천만 원 이상을 벌고 있다고 찾아왔다. 마인드파워 수업에서 명확하게 쓰고 그렸던 것이 그대로 되었다며 불쑥 불쑥 특강에 찾아와 사람들 앞에서 감사의 후기를 생생하게 말해주신다. 마인드파워 교육으로 자신도 바뀌었으니 당신도 할 수 있다고 동기부여까지 해주신다.

어떤 분은 머니시크릿 특강 일주일 만에 목표 금액이 말도 안 되게 들어왔다며 그 다음 특강에 찾아오셨다. 너무나도 감사한 마음을 나누고 싶다며, 오늘 특강에 오신 분 중, 한 분께 깜짝 선물을 드리고 싶어 왔다고 소개를 한다. 지방에서 오셨던 그날 소개를 하며 눈물을 흘렸던 분께 정성어린 편지와 함께 현금 5만 원을 봉투에 넣어 그 행운을 전해드리는 모습은 바라보는 것만으로도 감동적이다.

경제적인 여유를 찾고 꿈에 그리던 해외 크루즈를 생생하게 발표한 대로 가게 되었다며 꽃바구니를 특강하는 곳으로 보내고, 목표를 이룰 때마다 알려주시고 선물까지 보내주시는 분들이 많아지니 나는 얼마나 감사한지 매 순간이 행복하다. 내가 지금까지 마인드파워 스페셜리스트로 13년차 해올 수 있었던 이유이기도 하다.

나는 어린 시절, 너무나도 가난했기에, 배고팠기에, 아팠기에, 힘들었기에, 마인드파워를 미친 듯이 공부했다. 공부해도 더 알고 싶고 진짜 그 비밀들을 세계 최고인 사람에게 제대로 배우고 싶었기에 살아 있는 마스터, 밥 프록터에게 배우기 위해 전 재산을 투자해 미국에 가서 직접 공부했다. 그리고 내 삶은 180도 바뀌었다.

결핍과 어둠이 가득한 시기가 있었기에 이 책,《더 플러스》에 행복과 부로 향해가기 위한 마인드파워의 원리와 17가지 심플하고 확실한 법칙들을 풀어낼 수 있었다. 그리고 이 법칙들이 당신의 삶을 더 플러스 시켜 당당히 두 팔 활짝 펴고 날아오르는데 큰 힘이 될 것이라고 믿는다.

이 책을 든 당신!

당신은 부자로 태어났다!

당신은 충만하게 행복하기 위해 태어난 존재다.

진정으로 행복한 부자가 무엇인지를 삶에서 매 순간 느끼시기를 기도하며 사랑하는 당신께 이 책을 바친다.

차례

제1막   부자가 되지 못하는 진짜 이유
The Real Reasons Why You Cannot Be Rich

보이지 않는 힘
The Invisible Power

행복한 부자로 가는 심플하지만 확실한 17 법칙
The 17 Simple and Powerful Laws to Be Happy and Rich

THE PLUS

제1막

부자가 되지 못하는
진짜 이유

THE PLUS

THE PLUS

The Real Reasons
Why You Cannot Be Rich

사실 당신은
부자가 되고 싶어 하지 않는다

머니시크릿 세미나는 오늘도 참가자들로 북적인다. 서울에서 열리는 세미나에 참석하기 위해 곳곳에서 모여든 이들로 주말 이른 아침부터 열기가 뜨겁다.

"지방에서 오신 분, 손 한번 들어보시겠어요?"

많은 이들이 손을 든다.

"해외에서 오신 분 계신가요?"

이곳저곳에서 몇 사람이 보인다.

거제도에서 다섯 시간 넘게 운전하고 왔다는 부부,

호주에서 왔다는 여성, 딸의 손에 이끌려 싱가포르에서 왔다는 노부부도 있다. 머니시크릿 세미나 듣고 갑자기 돈이 생겼다, 집을 샀다, 아무리 애써도 안 되던 새벽 기상에 성공했다, 아무도 찾지 않던 온라인 쇼핑 사업에 갑자기 주문이 폭주하기 시작했다 등 인생의 터닝포인트를 만났다는 소문을 듣고 간절한 마음으로 찾아온 분들이다. 그래서인지 역시 눈빛이 다르다.

"정말 대단한 열정에 박수를 보냅니다! 행복한 부자가 되는 머니시크릿을 배우고자 멀리서부터 찾아오신 여러분은 단연 상위 5% 안에 드는 분들입니다. 옆 사람 얼굴을 잠시 보시겠어요? 눈에서 레이저가 뿜어져 나오지 않나요?"

서로의 눈빛을 보며 열정을 다시 한 번 확인하는 동안 세미나실은 엄청난 에너지로 충만해진다.

그 열기를 모아 힘차게 묻는다.

"여러분! 정말로 부자가 되고 싶으신가요?"

"네!"

우렁찬 목소리가 합창하듯 터져 나온다. '당연하죠'

라는 표정들이다.

하지만 정말 그럴까? 사실 대부분의 사람은 **부자가 되고 싶어 하지 않는다.** 다시 말하면, 부자가 되고 싶다고 하면서도 부자가 되기를 거부한다. 잠재의식 안에 부자가 되어서는 안 되는 부정적인 정보들을 수두룩하게 쌓아놓고 있다. 단지 그 점을 스스로 인지하지 못할 뿐이다.

당신은 부자를 보면 어떤 마음이 먼저 드는가? 좋은 차를 몰고 다니는 사람들을 보면 어떤 생각이 드는가? 또 자신이 부자가 된 모습을 떠올리거나 부자가 되려고 노력할 때 머릿속에서 어떤 일이 일어나는가? 뜻밖에도, 마냥 좋지만은 않을 것이다.

"부자를 보면 어떤 생각이 드나요? 그리고 여러분이 부자가 되면 어떨 것 같은가요?"

이렇게 물어보면 참석자들의 대답은 대개 비슷하다.

"사람들이 나를 진심으로 좋아하는 건지 내 돈을 좋아하고 접근하는 건지 알 수 없게 되겠죠."

"돈을 많이 벌면 세금을 많이 내야 하잖아요."

"자유 시간도 없이 일만 하면 병에 걸릴 수도 있어요."

"여기저기서 돈 꿔달라고 연락하면 어떡하죠?"

"좋은 차 타고 다니면 강도들의 타깃이 될지도 몰라요!"

"솔직히 남 등쳐먹는 인간들로 보여요."

"돈이 많아지면, 남편이 바람피울 것 같아요!"

"책임질 게 너무 많아질 거예요. 돈을 관리하기도 부담스럽고 골치 아플 것 같아요."

"떵떵거리다가 갑자기 망하면 어떡하죠? 있다가 없으면 그게 더 괴롭잖아요."

부자에 대한 부정적인 생각들이 꼬리에 꼬리를 물고 이어진다. 이처럼 어딘가 불편한 감정이 올라온다는 것은 '부자'에 대해 내 안에 부정적인 정보가 입력되어 있다는 의미다.

우리 잠재의식에는 머니 파일이 들어 있다. 이 파일에는 부자가 되면 이런저런 점들이 좋을 것이라는 정보도 들어 있지만, 부자가 되면 이런저런 점이 안 좋을 것이라는 정보도 같이 들어 있다. 내 안에 플러스와 마이너스 정보가 함께 있는 것이다.

한쪽에서는 "돈이 많으면 풍요롭고 다 누리는 삶을 살 수 있어"라고 하는데, 다른 한쪽에서는 "미친 듯이 일만 해야 하잖아. 건강이 악화되잖아!"라고 외친다. 한쪽에서는 "부모님 모시고 가족들과 최고의 해외여행을 자주 갈 수 있어!"라고 하는데, 다른 한쪽에서는 "여기저기서 돈 꿔달라고 찾아오면 어쩌지?"라고 말한다.

이렇게 모순되는 메시지들이 내 안에 뒤죽박죽 섞여 있기 때문에 부자 되기를 망설이는 것이다.

잠시 눈을 감고 상상해보자. 우주 어딘가에 내가 원하는 것을 보내주려고 대기하는 존재가 있다. 내가 원하는 것이 내게 도착하도록 사람과 사건과 상황을 만들어주려고 24시간 대기하고 있다!

당신이 어떤 것을 깊이 믿고 확신할 때, 당신은 우주에 명확한 메시지를 보내는 것이다. 마치 카탈로그에서 딱 집어 "이거 보내주세요!"라고 주문하는 것과 같다. 자연의 법칙 중 하나인 '끌어당김의 법칙'에 따라 우주는 당신이 주문한 것을 보내주려고 모든 방법을 동원해서 최선을 다해 작동하기 시작한다. 그런데 당신의 잠재의식 속 머니 파일에 들어 있는 메시지가 뒤죽박죽이면 우주는 당신이 원하는 것이 도대체 무엇인지 알 수가 없다.

부자가 되고 싶다고 외치길래 부자가 될 기회들을 보내기 시작했는데, 곧이어 '부자는 속물이다. 부자는 행복하지 못하다'라는 메시지가 들어온다. 그러면 우주는 부자가 되지 않는 쪽으로 도와주기 시작한다.

그런데 또다시 '돈이 많으면 여러 나라로 여행 가겠다!', '우리 가족이 좀더 좋은 집에서 살면 얼마나 행복할까?'라는 반대 메시지가 들어오면 우주는 혼란스러워하며 부자가 될 기회를 다시 보낸다. 그런데 다음 날 직장에서 상사에게 꾸중을 듣고 '휴~, 내가 무슨 부귀영화를 누리겠다고 이러고 있나. 돈 많다고 행복한 것도 아닌데 뭘. 돈 필요 없어!'라는 메시지를 보낸다.

마침내 우주는 당신을 더는 신뢰할 수 없게 된다.

"아, 왜 이렇게 피곤하게 해!"

지치고 피곤해진 우주는 손을 놓아버린다.

24시간 대기하며 어떤 소원이든 들어주려는 만능기계를 내 안에 장착하고도 그 활용법을 모르는 것이다. 그래서 안타깝게도 **대부분의 사람은 실은 자신이 부자로 태어났다는 것도 알지 못한 채 가난하고 힘들고 아프게 살아간다.**

바라는 것을 갖지 못하는 이유는 자신이 무엇을 바라는지 모르기 때문이다. 부자들은 부자가 되고 싶다는 갈망이 대단히 명확하다. 이 소망은 전혀 흔들리지 않는다. 부자가 되려고 최선을 다해 노력한다. 합법적이고 도덕적이기만 하면, 부자가 되는 데 필요한 일은 무엇이든 한다.

그들은 우주에 혼란스러운 메시지를 보내지 않는다. 그래서 그들 주위에는 언제나 돈이 많다. 다른 사람들의 눈에는 돈이 너무나도 쉽게 그에게만 쏟아져 내리는 것처럼 비친다. 마치 신의 손이 그들만 어루어만져주는 듯한 느낌마저 든다.

그러나 이 글을 읽고 있는 당신!

기억하라.

당신은 부자로 태어났다.

부자가 되는 것은 신의 뜻이다.

신은 마음과 몸이 풍요로운 사람을 통해 신의 뜻을 더 쉽고 빠르게 발현할 수 있기 때문에 당신이 부자가 되기를 바란다. 인간이 자신이 가지고 태어난 잠재력을 무한대로 이용할 수 있게 될 때, 우리 안에 깃들어 있는 신 역시 더욱 충만한 삶을 살 수 있다.

'어떻게 도와줄까?' 하면서 신이 당신을 바라보고 있는데, 당신은 알지 못한 채 가난을 부르고 있다는 사실이 얼마나 안타까운가?

그러나 괜찮다. 부자가 되고 싶다고 말하면서도, 내가 부를 밀어내고 있다는 사실을 그간 몰랐기 때문에 활용하지 못했고, 가난하고 힘들었던 것이었을 뿐!

이 책을 든 당신은 이제부터 바뀔 수 있다.

2

지금 가난한 것은,
당신 탓이 아니다

미국에서 돌아와 신사동에 센터를 열고 얼마 안 됐을 때, 소그룹 마인드파워 수업에 참여했던 한 여성이 생각난다.

"저는 아무리 돈을 벌어도 1억을 못 넘길 거예요. 그런 생각을 하다 보니 아무리 일을 열심히 해도 흥이 나지 않아요. 요새 1억으로는 서울에 집 한 채 마련할 수도 없잖아요."

"왜 아무리 벌어도 1억을 못 넘길 거라고 생각하세요?"

"제가 아기 때 엄마가 유명한 곳으로 제 점을 보러 가신 적이 있는데, 그 점집에서 '이 아이는 가장 많이 벌 수 있는 액수가 1억이다'라고 했대요. 어릴 때 엄마가 그 말씀을 자주 하셨는데, 그 말이 제 마음속에 박혀버린 것 같아요."

이 어찌 말도 안 되는 이야기인가? 그러나 우리의 마인드는 구조상 이렇게 받아들일 수밖에 없다. 어린 시절 누구보다 큰 존재였던 엄마로부터 반복적으로 들은 말이 잠재의식에 깊게 남아서 1억 원 이상을 벌어들일 아이디어와 상황이 와도 자연스럽게 거부하게 된다. 잠재의식이 열려 있는 어린 시절, 타인에게 반복적으로 들은 말이 깊게 박혀서 자기 생각을 끊임없이 제한하는 것이다. 실제로 그 여성은 자신이 1억 원 이상을 벌 것이라고 기대조차 하지 않고 살아왔다. 앞으로 10억 원 이상을 벌 기회가 온다 해도 알아보지 못할 것이다.

이것은 진정한 자기 생각이라고 할 수 없다. 그 말을 한 점쟁이의 생각이 어머니를 통해 들어온 것이므로, 결국 점쟁이에게서 온 생각이다. 점쟁이의 생각이 내 삶을 지배하고 있다니 말이나 되는 소리인가.

나 또한 '정치인도 답을 얻으러 간다'는 유명한 왕십리 점집을 찾아간 적이 있다. 그때 충격적인 말을 들었기에 그 여성의 마음을 충분히 이해한다.

"사막을 홀로 외로이 걸어가고 있는 격이구나. 초년운, 중년운 다 아주 꽉 막혀 있으니까 마음을 비우고 그냥 살아. 답답하고 힘들어도 받아들여야 해. 그러면 마흔일곱 살부터는 좋아질 거야."

스물두 살 어린 시절, 답답한 마음에 해답을 얻으려고 찾아간 그곳에서 들었던 이 말이 아주 오랫동안 머릿속에서 떠나지 않았다. 심판의 날 심판장에게 "너는 어떻게 해서든 지옥! 앞으로 뭘 해도 지옥!"이라는 판정을 받은 셈이니, 이 이상 무슨 희망이 있겠는가? 그때 내 마음은 이미 지옥이었다. 청천벽력 같은 소리까지 듣게 되자 내 마음은 땅끝까지 무너져 내렸다. 왕십리 트라우마까지 생겨 아주 오랫동안 왕십리 근처에도 가지 않았다.

부정적인 생각으로 가득했던 시절 나는 모든 고통의

원인을 가정환경 탓, 가난 탓으로 돌리며 "왜 하필 나야? 하느님, 왜 이런 고통을 저에게 안겨주십니까? 왜 이러세요?"라고 외치며 원망했다. 채워지지 않는 공허함이 늘 가슴에 가득했다. 피해의식이 많았다.

아이가 엄마 배 속에서 나올 때부터 돈에 관한 생각을 정립하고 있는 것은 아니다. 아이들은 돈에 관한 사고와 행동 방식을 환경에서 흡수하고 배운다.

임신했을 때 태교가 아이의 잠재의식에 얼마나 큰 영향을 주는지를 아는 엄마들이 단체로 마인드파워 수업에 참여하기도 한다. 배 속 아이의 잠재의식을 제대로 형성하고 싶어 하는 현명하고 똑똑한 예비 엄마들이다. 만삭에도 교육을 받으러 오는 그들의 모습을 보며 '엄마의 사랑은 정말 대단하다!'라는 생각을 했다.

어린아이의 잠재의식은 활짝 열려 있다. 갓 태어난 아이들은 말도 하지 못하고 아무것도 하지 않는 것처럼 보인다. 그렇지만 주위에서 접하는 사람들의 생각들, 눈에 비치는 이미지들, 무의식적으로 접하는 아이디어들이 활짝 열린 잠재의식에 스펀지처럼 모두 흡수

된다.

그렇게 여과되지 않고 들어간 모든 아이디어가 고정되고, 그것이 모여 습관이 되고 프로그래밍이 된다. 이때 내가 나를 바라보는 '셀프 이미지'도 형성된다. 눈에는 보이지 않는 자아상이 이때 모두 형성되는 것이다. 따라서 마인드에 대해 공부를 하지 않으면 주위 환경에 의해 형성된 '나는 뭘 해도 안 돼', '나는 부자가 될 리 없어' 같은 자아상을 가지고 평생을 살아가게 된다.

어릴 때 형성된 습관들, 생각의 틀이나 개념을 '패러다임'이라고 한다. 그런데 이 조건화된 패러다임이 당신의 모든 것을 지배하고 있다. 재정적인 생활, 사회적인 관계 등 모든 것을 지배하는 것이다!

어릴 때 형성된 프로그램은 살아가는 동안 계속해서 자동적인 반응으로 나타난다. 이런 공부를 하지 않은 대부분의 사람은 자신의 잠재의식에 콕 박힌 정보들이 진짜 '나'라고 생각하며 살아가는 것이다!

지금 내가 지질하고 가난하고 아무것도 아닌 것 같은 존재로 느껴진다면 그것은 당신 잘못이 아니다! 어릴 때 주위 사람들에 의해 당신의 마음속에 형성된 자아상일 뿐이다.

당신은 자체로 아름답고 소중한 존재다.
당신은 부자로 태어났다.

당신은 돈에 대해, 부자에 대해 어린 시절 어떤 말을 들으며 자랐는가?

어린 시절 나는 햇빛이 잘 들지 않는 지하 사글셋방에서 자랐다. 엄마가 "불경기에 서민들은 어떻게 살라고…"를 입에 달고 사셨기에 돈을 생각하면 우울함과 어둠, 고통, 빚이 먼저 떠오르곤 했다. 그래서 돈에 대한 생각을 할 때는 늘 위축되고 주눅 들어 있었다. 내가 그렇다는 사실을 당시에는 몰랐지만, 공부를 하면서 깨달았다.

어렸을 때 돈에 대해 들었던 말들이 모두 당신의 잠재의식에 남아 있다. 변화는 당신이 가지고 있는 돈에 대한 생각을 인식하는 것에서부터 시작된다. 그 인식이 된 순간, 자신을 이해하고자 공부를 하게 되고, 이해를 해야 제대로 된 적용이 가능하기 때문이다.

내가 마인드파워 공부를 하지 않았더라면 아마도 투자에 대해서도 공부하지 않았을 것이고, 매달 나가는 월세와 공과금에 허덕이면서 한탄 속에 살고 있었을 것이다. 왕십리 점쟁이 말대로 홀로 사막을 걸어가며 허덕거리고 있었을 것이다.

"세상은 불공평해. 이 불경기에, 이 어려운 시기에 서민들만 죽어난다. 서민들은 어떻게 살라고!"라며 선술집에서 한탄하고 있었을 것이다.

기억하라.

당신 잘못이 아니다.

우리의 패러다임은 진정 바뀔 수 있다!

Let's Think!

당신은 행복한 부자가 되고 싶은가?
그렇다면 당신이 가진 돈에 대한 생각을 써보자.
내가 돈에 대해 어떤 생각을 하고 있는지를
먼저 깨달아야 한다.
그 인식에서부터 모든 변화가 시작된다.

_____

_____

_____

_____

_____

_____

_____

_____

3

가난은 죄다!

마인드파워 교육을 진행하다 보면, 들어서는 순간부터 밝게 빛이 나는 사람들이 있다. 눈빛 역시 맑고 선하다. 그런 사람들은 같이 교육을 받는 동기들도 엄청나게 챙긴다. 각자의 이름을 담은 편지와 간식, 떡이나 케이크 등을 바리바리 싸 온다. 어떤 사람은 새벽 3시 반에 일어나 동기들을 생각하며 천연재료로 만든 감동 도시락에 일일이 감동 스티커를 붙여 싸 들고 오기도 한다.

지방에서 대중교통으로 올라오면서 무거운 짐을 들고 다니자니 얼마나 힘들었을까. 그런데도 그런 내색 하나 없다.

"저는 오는 길이 너무나 설렜어요!"

얼마나 해맑게 웃고 행복해하는지 '날개 없는 천사'들이 바로 이들이 아닐까 싶다.

2009년도 교육생 중 40대 여성 한 분도 날개 없는 천사였다. 그 선함이 지금까지도 생생하게 기억날 정도로, 그간 만나본 사람 중 가장 맑고 착한 분이었다.

그런데 선한 눈빛 뒤에 그늘이 깊게 드리워져 있었고 자신감 또한 없어 보여 안타까웠다. 알고 보니 아버지 간병을 7년 동안 혼자 해왔다고 한다. 간병인을 쓰고 싶었지만 비용이 너무 많이 들고 간병인도 잘 못 믿겠고 해서 회사를 그만두고 직접 돌보기로 했다는 것이다. 간병 기간이 길어지다 보니 경력도 단절되고 모아둔 돈도 점점 바닥을 보이기 시작했다. 자신감도 없어지고 점점 우울해졌으며 당연히 연애는 생각도 할 수 없었다. 사람도 만나고 싶지 않아 무기력에 빠져 있다가 마인드파워 교육을 발견했고 난생처음 이런 공간에 발걸음을 했다고 한다.

그녀의 목표는 '경제적인 자유'였다. 교육을 들으면서 명확한 목표가 얼마나 중요한지를 인식하고, 명확한 액수를 종이에 적고 법칙대로 실행해갔다. 하지만 상황은 더 나빠지기만 했다.

질문을 통해 그 이유가 무엇인지 발견할 수 있었다. 유교 사상을 중시하는 청렴한 부모님 아래에서 자라다 보니 '가난'과 '청렴'이 연결되어 잠재의식 속 머니 파일에 뿌리 깊이 박혀 있었다. 법 없이도 살 청렴한 그분은 자신이 청렴해야 하기 때문에 가난은 그에 맞게 따라오는 것이었고, 그 사상이 부가 자신에게 오지 못하도록 가로막고 있었다는 사실을 깨달으며 너무도 놀라워했다. '가난은 청렴이다'라는 생각이 너무도 깊게 뿌리박혀 있었기에 아무리 경제적 자유를 외쳐도 기존의 생각과 새로 들어오려는 생각이 내면에서 싸우느라 오히려 더 스트레스를 받게 된 것이다.

자신이 그 관념을 깨지 않으면 돈은 절대로 올 수 없

다. 그래서 그녀에게 말했다.

"큰 소리로 '가난은 죄다!'라고 외쳐보세요."

"네?!"

눈이 휘둥그레지며 화들짝 놀라는 그녀에게 내가 본을 보여주었다.

"가난은 죄다!"

그녀는 모기 같은 목소리로 따라 했다.

"가… 가난은 죄… 죄다."

"다시 한 번 더 크게 외치세요!"

몇 번을 반복하고 나서야 그녀는 큰 소리로 외칠 수 있었다.

그녀의 얼굴에 눈물이 그렁그렁 차올랐다.

"가난은 죄다!"

자신이 돈을 어떻게 바라보는지를 인식하고 이 법칙들을 이해한 그녀는 마인드파워 법칙들을 적극적으로 실천했다. 그리고 3개월 만에 오랜 경력 단절을 깨고 꽤 알려진 컨설팅 회사에 정말 좋은 조건으로 입사했다. 스스로도 신기하다는 표정으로 찾아와 자랑하는 모습에는 여유로움이 가득했다.

그것이 우연이었을까? 결코 아니다. 내면이 바뀌면 진정한 변화가 시작된다.

가난 = 청렴

그러나 가난은 죄다!

가난이 왜 죄일까?

얼마 되지도 않는 돈 때문에 시작된 싸움이 큰 범죄로 이어지기도 한다. 돈 때문에 가족 불화가 일어난다. 가난하면 각박해지고, 무엇이든 절대 손해 보지 않으려고 한다. 그러다 보니 무엇인가를 주려고 하지도 않는다. 결핍과 부족이 옹졸함을 만들고, 다른 사람에게 베풀지 못하고 얻는 데에만 급급하게 한다.

수많은 이유가 있겠지만, 자본주의 자체에서도 이유를 찾을 수 있다. 자본주의 사회에서 돈은 내가 제공한 서비스의 대가로 받는 것이다. 그러므로 내가 지금 가난하다는 것은 내가 아무것도 베풀지 못했다는 의미다. 그래서 마인드계의 마스터인 밥 프록터(Bob Proctor)는 "가난은 죄다!"라고 강하게 표현했다. 강력하게 표현이 되어야 내 잠재의식에 좀 더 강하게 들어갈 수 있다!

오랫동안 머니시크릿 세미나를 진행해오면서 알게 된 충격적인 사실이 있다. 강연에 참석한 많은 사람이 부와 부에 대한 열망이 과연 옳은 것인지 판단하지 못해 고민에 빠져 있다는 것이었다.

물론 우리 모두 부자가 되고 싶어 한다. 세상 사람 대부분이 마음 깊은 곳에서 꿈꾼다고 말해도 무방하다. 그러나 과연 그래도 되는지, 특히 종교적 입장에서 성경 말씀을 곧이곧대로 생각하는 사람들은 부자가 되고 싶다는 감정에 죄의식을 느끼고 있었다. 부자가 되기 위해 매일 열심히 노력하면서도, 부가 악덕인지 미덕인지 혼란스러워하는 사람들이 대부분이었다.

그런 고민이 깊어지면 실생활에까지 악영향을 미쳐 성공에 대한 열정마저 사그라지게 한다. 그날이 그날처럼 되는 대로 살아가도록 자신을 안전지대에 가두어 버리는 것이다.

성경에 나오는 '부자가 천국에 가는 것은 낙타가 바늘귀를 통과하는 것보다 어렵다'라는 비유적인 표현을, 부는 악이고 가난은 미덕이라는 뜻으로 받아들이는 사람이 상당히 많다. 그들은 종교적인 면에서도 부를 축복이라 할 수 있는지 갈등을 느낀다.

가난은 죄다!

다시 한 번 말하지만, 부에 대한 놀라운 진실은 부자가 되고 싶다는 욕망이 잘못된 것이 아니라 참으로 마땅한 생각이라는 것이다.

당신이 현재 가난하게 살고 있다면 분명히 만족감을 느끼기 어려울 것이다. 그러므로 가난해질 필요가 없다. 가난은 신이 인간을 위해 무한하게 베풀어놓은 자원에서 스스로 등을 돌림으로써 저주를 받는, 일종의

'지옥'이다. 나 또한 처절한 가난과 쪼들림을 오랫동안 경험해봤기에 가난이 얼마나 불편하고 자존심을 떨어뜨리고 속 좁은 인간으로 만드는지 너무나도 잘 안다. 그 괴로움을 알기에 더욱 강력하게 말하고 싶다!

가난이 미덕이라는 생각은 이제 그만두자. 금전적인 궁핍 속에서 생활하고 있다면 그야말로 악덕 속에서 생활하고 있는 것이다. 언제까지고 금전적인 악덕에 빠져 생활할 필요는 없다. 빠져나갈 방법은 분명히 있다.

나의 잠재의식을 향해 크게 외침으로써 강력하게 새겨넣자.

"가난은 죄다!"

가난하면 청렴하다?

가난은 미덕이다?

나 자신이 가난을 자부심 삼지는 않았는지 살펴보자.

부를 죄악시하고 터부시하진 않았는지 살펴보자.

"가난은 죄다!"

내 마음에 새기자.

4

부는 축복이다!

전 세계를 강타한 베스트셀러 《시크릿(secret)》의 모태가 된 책이 있다. 경제적으로 밑바닥을 친 상태에서 이혼을 하고 인생에서 가장 힘든 시기를 겪던 호주 여성이, 어린 딸에게 우연히 《부자가 되는 과학적 방법(The Scienc of Getting Rich)》이라는 책을 받는다. 책을 잡은 순간부터 그녀는 완전히 빨려들어 가듯이 읽었고, 이후 《시크릿》이라는 책을 출간하고 영화까지 만들며 기적을 일으켰다.

1910년에 처음 나온 《부자가 되는 과학적 방법》을 오래전에 읽고 월러스 워틀스(Wallace Wattles)의 수많은 메시지에 공감했는데, 그중에서도 내 마음에 꽂힌 문구가 있었다. 이를 계기로 '이런 부자라면 정말 행복하겠다. 나는 이런 부자가 되어야겠다!'라고 다짐했다.

내 안의 머니 파일은 끝도 없이 어둡기만 했다. 돈에 대한 생각을 적을 때마다 부정적이었기에 내 잠재의식을 모조리 바꿔버리고 싶다는 열망이 가득했다. 그래서 짧지만 강력한 자극을 준 그 문구를 여기저기 써서 붙이고, 다이어리 맨 앞에도 써두고 틈날 때마다 읽고 또 읽었다.

내 잠재의식에 깊이 각인될 때까지 다음 해에도 다이어리 맨 앞에 또 옮겨 쓰고, 그다음 해에도 또 옮겨 쓰면서 이 메시지들을 하나하나 먹어버렸다. 그래야 내 안에 깊이 각인되어 있는 돈에 대한 부정적인 생각을 모두 치울 수 있을 것 같았다.

나에게 정말 도움을 주었던 이 글을, 이 책을 들게 된 당신과도 나누고 싶다. 당신이 행복한 부자가 되는

데 도움이 되기를 기도하며….

　먹고 마시고 즐기고 싶을 때

　먹고 마시고 즐길 수 있기 위해

　부자가 되고자 해야 한다.

　주변에 아름다운 것들을 두고,

　멀리 떨어진 곳에 가보고,

　마음을 살찌우고,

　지성을 계발하고,

　인간을 사랑하고,

　친절을 베풀며,

　세상이 진실에 눈뜨는 데 한몫하기 위해

　부자가 되고자 해야 한다.

　하나하나 마음속에 새기며 읽어보자. 어떤 기분이
드는가?

　펜을 들고 쓰면서 또 느껴보자.

　어떤 문장이 가장 와닿는가?

이런 부자가 된다면 어떨까?

이런 부자가 된다면 부는 그야말로 축복이 아닐까?

이제부터 마음속에서 외치자!

"부는 축복이다!"

5

한강이 마르더라도
당신의 돈은 마르지 않을 것이다

오래전 마인드파워 수업을 들으러 온 30대 여사장님
의 이야기가 지금도 생생하다.

그녀는 스물다섯 살 때까지는 돈에 대해 크게 생각
해본 적이 없었다고 한다. 그런데 미대를 갓 졸업했을
때 마른하늘에 날벼락 같은 일이 닥쳤다. 어머니 사업
이 부도가 나서 8억 원이라는 빚더미를 안게 된 것이
다. 집에 차압 딱지가 붙고, 하루아침에 길거리에 나앉
게 됐다. 황망하게 안고 나온 강아지들 이마에도 빨간

차압 딱지가 붙어 있었다.

　형제자매 아무도 없이 엄마와 자신 둘뿐이었다. 월급
에도 차압이 들어왔기에 월급쟁이로 일하는 것은 아무
런 의미가 없었다. 돈을 벌겠다고 대구에서 서울로 무
작정 올라왔다. 당시 현금이 가장 많이 도는 곳이 동대
문 시장이었다. 1999년 어느 날 동대문을 지나가다가
의류 매장들 앞에 사람이 미어터지게 많은 것을 보고
저걸 해서 돈을 벌어야겠다고 결심했다.

　지하 사글셋방을 전전했는데 여름 장마 때마다 홍수
가 나서 가재도구가 몽땅 쓸려 내려갔지만 다른 곳으
로 옮길 형편이 못 됐다. 열심히 일을 배웠고, 숱한 우
여곡절 끝에 대출을 받아 동대문에서 첫 소매매장을
시작했다. 그녀는 잠도 자지 않고 열심히 일만 하면서
1년 동안 사업을 잘 해나갔다. 돈이 모이니 조금 욕심
이 생겨서 또 다른 투자를 하게 되었다. 소매매장을 가
지고 있는 지인 세 명과 도매매장을 시작했다. 투자금
이 일인당 3억 원씩 들어간 큰 매장이었는데, 그녀에게
는 그동안 잠도 못 자면서 열심히 모은 전 재산이었다.

처음엔 도매도 잘되는 것 같았지만, 각자 자기 매장이 있었던 터라 아무도 여기에 전력을 기울이지 않아 사업이 원만하지 않았다. '네가 잘했네, 내가 잘했네' 이렇게 옥신각신하던 중 도매매장에 '명도소송'이라는 게 걸리면서 나가라는 명령이 떨어졌다. 1년 넘게 피눈물을 흘리며 모든 돈이 정확히 석 달 만에 몽땅 날아갔다.

너무 충격을 받은 나머지 소매매장에도 집중하지 못해 그 매장의 매출도 떨어지기 시작했다. 공교롭게도 인터넷 쇼핑몰이 뜨기 시작하면서 소매매장도 안되던 터라 눈물을 머금고 사업을 정리했다.

그때 남은 전 재산을 계산해봤더니, 보증금 700만 원에 월세 35만 원짜리 방 한 칸이 전부였다. 엄마 빚은 하나도 갚지 못한 채 그대로였다.

망연자실하고 있을 수만은 없었다. 대구에서 고생하는 엄마를 생각하면 악착같이 다시 일어나야 했다. 때마침 의류 사업을 시작한 친구의 아버지가 함께하자고 했다. 수익을 나누자는 제안이었다. 그녀는 제안을 받아들이고 1년 넘게 한두 시간만 자면서 열심히 일했다. 그런데 시간이 지날수록 처음 약속과는 완전히 달라졌다. 결국 사이가 틀어져 사장님으로부터 그만두라는 통보를 받았다. 작업장 옆에 살고 있던 그녀에게 매몰차게 방까지 비우라고 했다.

아는 사람 하나 없는 서울에서 하루아침에 집도 없고 돈도 없고 갈 곳도 없는 신세가 됐다. 지금까지 몇 년 동안 다리 뻗고 자본 적 없이 일했건만 결국 남은 건 아무것도 없고, 오히려 처음 시작했을 때보다 상황은 더 나빠지기만 했다.

번 돈은 없고, 욕은 욕대로 먹고, 상처는 상처대로 받았다. 주변 친구들조차 그녀에게 사람이 변했다고 욕했다. 일이 계속 안되다 보니 극도로 좌절하고 예민해진 그녀는 주위 사람들을 넓은 마음으로 대하지 못했고, 점점 까칠해졌다. 완전히 밑바닥의 밑바닥으로 떨어진 상태였다. '죽어버릴까? 죽어버릴까?'를 500번도 넘게 생각했다고 한다.

바로 그때 친한 언니가 기가 막히게 잘 맞히는 점집

이 있다고 해서 지푸라기라도 잡고 싶은 심정으로 함께 갔다.

금수저로 태어난 친한 언니에게 점집 아저씨는 이렇게 말했다.

"별 탈 없이 살겠네. 돈이 무지 많아. 한강에 물이 말라도 당신에겐 돈이 마르지 않을 거야!"

그리고 이어서 그녀의 사주를 보더니, 한숨을 크게 쉬고는 한동안 침묵한 뒤 말했다.

"힘들다, 힘들어. 사주에 돈이 없어."

실낱 같은 희망이라도 붙잡고 싶어 찾아간 그곳에서 그녀는 절망했다.

안타까운 마음으로 그녀를 바라보던 친한 언니는 다시 도전해보라며 오랫동안 모았던 적금을 깨서 빌려줬다.

인생의 가장 깊은 암흑 속에서 '이번에도 망하면 나는 죽는다'라는 마음으로 올인해서 다시 도전했고, 기적적으로 1년 만에 8억 원의 빚을 다 갚았다. 게다가 나중에는 몇십억의 자산가가 되었다.

그녀는 말한다. 너무 간절했던 때, 그 점집 아저씨에게 들은 충격적인 말을 되짚어 바꾸어버렸다고. 함께 간 언니에게 한 말을 자신에게 해준 말이라고 생각하며 되뇐 것이다.

'한강에 물이 말라도 나에겐 돈이 마르지 않을 것이다.'

끊임없이 마음에 새기고 새겼다. 그리고 실제로 그대로 되었다.

오래전 이 스토리를 공유해준 그녀에게 감사하며, 당신에게도 그녀의 이야기가 큰 힘이 되기를 기도한다.

점집에서 한 말대로 되는 것이 아니라, 당신이 마음속에 깊이 새긴 말대로 된다는 사실을 잊지 말자.

그러므로 이제부터는 힘들다고 점집 같은 데 가지 말자.

그 시간에 내가 원하는 것을 100번 더 외치자!

경제적으로 힘들다면 이 글을 훔쳐서 마음속에 새기

길 바란다.

　부는 축복이다. 이 글을 읽는 당신은 축복받은 존재다.

'한강에 물이 말라도 나에겐 돈이 마르지 않을 것이다.'

　경제적으로 힘들어하는 친구가 있다면 그 친구의 두 손을 꼭 잡고 이렇게 말하자.

　"한강에 물이 말라도 너의 인생엔 돈이 마르지 않을 거야. 너는 축복받은 존재야. 너는 부자로 태어났어. 넌 뭐든지 할 수 있어."

　눈을 보며 진심으로 이야기한다면, 당신에게도 그에게도 축복이 될 것이다.

　가슴에 손을 얹고 외쳐보자!

나는 부자로 태어났다.
한강에 물이 말라도 나에겐 돈이 마르지 않을 것이다.

THE PLUS

제2막

보이지 않는 힘

THE PLUS

The Invisible Power

보이지 않는 세상이 보이는 세상을 창조한다.
그렇기에 대부분의 사람들은 허덕인다.

인과의 법칙

미국에서 밥 프록터에게 트레이닝을 받을 때 들었던 내용 중 놀랍고도 믿기지 않는, 충격적인 사실이 한 가지 있었다. 이 세상 단 1%의 사람이 이 세상에 있는 모든 돈의 약 96%를 벌고 있다는 통계 결과였다.

그것이 사실이라면 나머지 99%가 세상에 있는 단 4%의 돈을 나눠 먹고 산다는 말이 아닌가?

축복받은 1%에 해당하는 사람과 99%에 해당하는 사람의 차이는 무엇일까?

1%에 해당하는 사람들은 특별한 능력이 주어졌기 때문에 세상 모든 돈의 96%를 차지하는 것일까?

결코 아니다. 지금 이 글을 읽고 있는 당신을 포함해서 모든 사람은 신의 손길을 받았고, 축복받았으며, 그 도구들을 가지고 태어났다. 내 안에 펄떡이며 용솟음치고자 하는 무한한 가능성이 담겨 있다. 하지만 그 가능성은 쓰이기를 기다리다 지쳐 잠자고 있는 것이다.

갑자기 큰돈을 손에 쥔 사람이 한순간에 망하는 것을 보았는가? 많은 사람이 '불경기' 또는 '운이 없어서' 같은 이유를 대지만, 그것은 겉으로 보이는 이유일 뿐이다.

내적으로 준비되지 않은 상태에서 큰돈을 쥐게 되면 그 돈은 금세 없어지고 만다. 수많은 복권 당첨자의 사례만 봐도 알 수 있다. 갑자기 큰돈이 들어왔을 때 그것을 감당할 마음의 준비가 전혀 되지 않아서 그 부를 유지할 내적 능력이 없기 때문이다.

반대로 자수성가한 부자들은 돈을 잃더라도 금세 되찾는다. 내적 마인드가 이미 그렇게 맞추어져 있기 때문이다. 단 1%의 사람들과 보통 사람들의 다른 점은 외부적인 것이 아니라 내부적인 것이다. 이 1%의 사람들은 진정으로 '생각'을 한다.

재미있는 통계가 있다.

- 이 세상에 단 1%의 사람들만이 생각을 한다.
- 3%의 사람들은 자신이 생각한다고 생각한다.
- 나머지 96%의 사람들은 생각하느니 차라리 죽겠다고 한다.

지금 마음속으로 '나도 생각은 하면서 사는데'라고 생각하는 사람들이 있을 것이다.

그러나 잘 살펴보라. 내가 주체적으로 원하는 삶에 초점을 맞춘 창조적인 생각인지, 과거의 기억과 주위 사람들에 의해서 형성된 믿음 체계에 기반을 둔, 다수의 사람을 따라가는 천편일률적인 생각인지.

대다수의 사람이 과거의 상념에 사로잡혀 있거나, 지금까지의 경험대로 극히 제한된 틀 속에서 사는 대로 생각하며 살아간다. 우리는 문화적·사회적 패러다임에 자신을 끼워 맞추며 남들처럼 살아가며 생각하는 데 익숙해진 것은 아닐까?

'반드시 부자가 되겠다', '반드시 승진하겠다', '내 사업을 늘려가겠다', '매출을 늘려가겠다', '매력적인 사람이 되겠다' 등 모든 사람은 인생에서 지금보다 더 나은 결과를 얻고 싶어 하고 더 잘살고 싶어 한다. 좀더 행복해지고, 좀더 건강해지고, 좀더 부자가 되고 싶어 한다. 그래서 부단히 애쓰고 노력하면서 보이는 행동을 바꾸고자 하지만, 결과는 바뀌지 않고 힘만 빠진다.

그런데 인생에서 보이는 결과를 바꾸고자 한다면, 원인이 바뀌어야 한다. 즉, **열매가 달라지길 바란다면 우선 뿌리가 달라져야 한다.** 사과 씨를 심으면 사과가 열리는 것은 극히 당연한 자연의 이치다.

그러나 대부분의 사람은 눈에 보이는 사과 열매가 마음에 들지 않아서 사과를 포도로 바꾸기 위해 사과나무에 포도를 붙이려고 노력하는 격이다. 그 근본적인 원인인, 보이지 않는 땅속 씨앗을 바꾸어야 포도가 열리는데 말이다! 그러니 아무리 노력해도 안 되고 힘든 것이다. 원인을 제대로 모르면 답이 안 나오는 것은 당연한 이치다.

보이는 것보다 보이지 않는 것의 힘이 훨씬 더 강력하다. 보이지 않는 땅속 사과 씨앗이 보이는 땅 위 사과 열매를 창조한다.

지금 나에게 돈이 없다는 것은 보이는 결과다. 그 원인이 되는 뿌리는 무엇일까? 외적인 것을 바꾸는 방법은 오직 하나, 내부에서 돌아가는 내적 세계를 바꾸는 것이다.

당신의 삶이 겉보기에 잘 돌아가지 않는다면 내면에서 무언가가 잘못 돌아가고 있기 때문이다. 그 원인은 바로 생각이다. 우리의 생각이 감정을 낳고, 감정이 행동을 낳고, 행동이 결과를 낳는다.

내가 사업을 운영하고 싶거나 사업을 이미 운영하고 있거나, 일반 회사원이거나 학생이거나 백수이거나, 아니면 집도 절도 없는 노숙자이거나, 누구든지 상관

없다. 그것은 현재 보이는 결과일 뿐이다.

내 인생에 나타나는 결과를 정말 바꾸고 싶다면, 바로 지금부터 내 '생각'을 바꿔야 한다.

이것이 바로 지난 6,000년간 모든 유명한 사상가와 철학자, 현자들이 동의한 부분이다.

'사람은 생각하는 대로 된다.'

'We become what we think about.'

아주 심플한 듯 보이지만 썩 쉽지만은 않다. 왜 그럴까? 우리는 학교나 어떤 교육기관에서도 어떻게 생각해야 하는지를 단 한 번도 배워본 적이 없기 때문이다. 항상 암기 위주의 주입식 교육을 받았을 뿐 어떻게 생각하는지는 배우지 않았다.

진정으로 어떻게 생각해야 하는지를 공부하고 이해하고, 삶에서 연습을 해봐야 한다.

성공한 사람들의 사례를 오랫동안 연구한 사람들의 결론은 하나였다.

10억 원을 번 가게 주인이나 1,000억 원을 번 재벌

들은 진정으로 생각하는 사람들이었고, 긍정적인 생각을 품은 사람들이었다. 성공한 사람들은 인생의 어두운 면보다 밝고 풍요로운 면을 보고자 했으며 자신의 내면 세계를 긍정적으로 이용했다. 그리고 마음의 법칙, 즉 마인드파워를 의식적으로든 무의식적으로든 늘 활용했다.

행복과 성공을 원한다면 자신의 내면을 명확하고 밝게 그릴 줄 알아야 한다. 자신이 원하는 행복한 모습을 생생하게 떠올릴 수 있어야 한다. 즉, 진리는 간단하다.

'좋은 생각을 품고 있는 사람은 좋은 일을 끌어당기고, 걱정·의심·두려움·질투 등의 나쁜 생각을 품고 있는 사람은 나쁜 일을 끌어당긴다.'

**가난하게 태어난 것은 당신의 잘못이 아니지만,
가난하게 죽는 것은 당신 책임이다.**
- 빌 게이츠

*If you are born poor, it's not your mistake.
But if you die poor, it's your mistake.*
- Bill Gates

우리 모두는 부모를 선택해서 태어날 수 없다. 내가 가난하게 태어난 것, 선천적으로 내가 가지고 태어난 것은 내가 선택할 수 없었던 것이다. 그러나 대다수의 사람이 바꿀 수 없는 현실을 보고 가슴을 치며 한탄한다. 금수저 물고 태어난 사람들을 질투하며 수많은 변명으로 허송세월한다.

지금 처한 현실은 바꿀 수 없지만 나의 생각은 바꿀 수 있다. 내 안에 잠재되어 있는 무한한 가능성을 발견하고, 그것을 사용하고 단련시켜서 모든 상황을 바꿀 수 있는 능력을 우리 모두는 가지고 있다.

지금 내가 처한 현실은 가난하지만 마음속에서 '나는 행복한 부자가 되겠어!'라고 선택한다면 부자가 될 것이요, 비빌 언덕이 많은 친구를 부러워하고 자기 변명 속에 한탄하며 살아간다면 가난에서 벗어나지 못할 것이다. 내가 어떤 생각을 선택하느냐에 따라 내 삶이 바뀐다. 그렇기에 빌 게이츠가 말한 대로 '가난하게 죽는 것은 100% 나의 책임'이다.

이것을 삶에서 깨닫고 처음으로 온전히 받아들였을

때, 내 삶은 서서히 바뀌기 시작했다.

프랑스 시인 폴 발레리(Paul Valéry)는 말했다.

"용기를 내어 그대가 생각하는 대로 살지 않으면, 머지않아 그대는 사는 대로 생각하게 된다."

사는 대로 생각하는 엑스트라의 삶과 내가 생각하는 대로 주체적으로 살아가는 주인공의 삶이 있다. 나의 선택에 따라 그 방향은 전혀 달라진다.

단 한 번뿐인 나의 인생! 지금까지와 같이 살겠는가? 아니면 진정 가슴 뜨겁게 바꾸고자 하는가?

내 인생이라는 영화에서 주인공이 되자. 나는 그럴 만한 무한한 능력을 갖추고 있고 그럴 만한 가치가 있는 사람이다. 내가 나를 그렇게 보지 않으면 아무도 나를 그렇게 바라보지 않는다.

단 하나의 놀라운 멋진 삶은, 바로 내가 창조하는 삶이다. 지금까지 내가 원하지 않은 결과들로 가득한 삶이었다면, 바로 지금부터 변화시킬 수 있다. 이제부터 나의 삶에서 진정으로 원하는 것을 생각하고 선택하자.

내 부모도, 형제도, 남편이나 아내도, 자식도 나를 대신 살아주지 않는다. 바로 '나'라는 사람이 내 운명의 선장임을 꼭 기억하자. 이제 담대히 노를 저어갈 준비가 되었는가?

2

당신이 가난의 쳇바퀴에서
벗어나지 못하는 이유

아무리 발버둥 치며 열심히 살아도 인생이 풀리지 않고 답답해 미쳐버릴 것 같은 적이 있는가?

스물두 살, 인생 처음으로 왕십리 점쟁이 '덕분에' 충격을 받고 목표라는 것이 생겼다.

'그래, 내 인생 내가 바꾸겠어. 반드시 성공한다!'

그렇게 결심한 이후 나는 자신을 활활 불태우며 단무지, 그러니까 '단순, 무식, 지속'이라는 단무지 정신으로 열심히 살았다. 국내파인데도 영어를 먹어버리기 시작한 후 1년 만에 영어 발음이 완전히 바뀌었고, 대학교 3학년으로 복학하고부터는 장학금을 받을 정도로 학점도 좋아졌다. 취업난이 극심했지만 졸업하자마자 바로 취업도 했다. 게다가 다른 친구들보다 월급도 두 배가 넘는 안정된 미국 무역회사에 입사했고, 즐거운 회사 분위기에서 일했으며 내 인생 중 가장 안정된 상황이었다.

그런데도 나는 끊임없이 불안했고, 나의 감정은 하루에도 몇 번씩 오르락내리락했다. 어릴 때 겪은 극도의 불안과 억압된 감정이 잠재의식 속에 가득했기에 한번 우울 모드에 빠지면 거기서 헤어나오는 데 오랜 시간이 걸렸다. 나는 자신에 대한 어떤 확신도 들지 않았고 '내가 원하는 성공을 과연 할 수 있을까?'라는 의구심만 가득했다. 나는 여전히 소심하고 수줍음 많고 자신감 없는, 20대 중반의 '아무것도 아닌 사람'처럼 느껴졌다.

그리고 나에게는 정말 풀리지 않는 숙제가 있었는데, 바로 집안의 빚이었다. 나는 매달 월급을 받을 때마다 부모님께 돈을 드렸고, 보너스를 받으면 고스란히 드렸다. 그런데도 우리 집의 빚은 줄지를 않았다. 엄마와 아빠 모두 직장 생활을 하고 있었고 나 또한 직장에 다니고 있었다. '왜 우리 집의 빚은 전혀 줄지를 않는 것일까?', '왜 매번 밑 빠진 독에 물 붓기 같은 느낌일까?'라는 의구심이 머릿속에 가득했다.

'엄마와 아빠는 성실하게 일하고, 똑똑한 머리를 가지고 있고, 다른 사람들에게 손해를 봤으면 봤지 피해 한 번 주지 않고 사셨다. 그런데 왜 늘 가난하고 불행할까?'

'왜 나는 이렇게 애쓰면서 사는데도 다람쥐 쳇바퀴 도는 느낌에서 빠져나오지 못할까?'

단무지 정신으로 아무리 열심히 살아도 도저히 해결이 될 것 같지 않았다. 나에게 왕십리 트라우마까지 안겼던 왕십리 점집 아저씨 얼굴이 떠오르며 '그 점쟁이가 얘기한 대로, 마음을 비우고 답답한 이 상황을 내 운명으로 받아들여야 하는 것인가?'라는 좌절감까지 들기도 했다.

'왜 애를 써도 우리 집의 빚은 전혀 줄지 않을까? 왜 매번 밑 빠진 독에 물 붓기 같은 느낌일까?'

이런 의문을 품고 있을 때, 정말 우연히 마인드와 관련된 책이 내 손에 들어와서 읽게 되었다. 조셉 머피(Joseph Murphy) 박사님의 《잠재의식의 힘》이었다. 책을 읽으면서 내 가슴이 마구 뛰기 시작했다. "**만약에 당신의 삶이 행복하거나 부유하지 못하고 또한 성공하지 못했다면 그것은 당신이 잠재의식을 사용하지 않은 까닭입니다**"라는 문구는 나에게 다소 충격적이었다.

"우리 모두 무한한 가능성을 가지고 있는데 대부분의 사람은 그것을 알지도 못하고 5%도 사용하지 못하고 죽는다. 무한한 가능성인 잠재의식을 개발하면 내가 불가능하다고 생각하는 것이라도 반드시 원하는 대로 실현될 것이다"라는 문장을 읽으면서 잠재의식에 대한 궁금증으로 손에서 책을 놓을 수가 없었다. 단숨에 그 책을 읽고 느꼈던 감격은 지금도 잊히질 않는다. 삶에서 오아시스를 만난 기분이었다. 나도 모르게 그 책을 읽고 또 읽었다. 열 번 이상 읽으면서 거기에 나온 메시지들을 실천했고, 스무 번 이상 읽으면서 잠재의식에 대해서 좀더 이해하기 시작했다. 쉰 번 이상 읽으면서 거기에 있는 메시지들을 꼭꼭 씹어서 세포에 흡수시키고자 했다.

나는 늘 돈에 쪼들렸기 때문에 더 많은 돈을 벌고 싶었다. 그래서 학교에 다닐 때는 몸이 부서질 정도로 많은 아르바이트를 뛰었다. 졸업 후 입사하고 나서도 과외 아르바이트를 계속했는데 과다한 업무로 체력이 받쳐주질 않았다.

내가 그랬던 것과 같이, 돈을 더 많이 벌겠다고 결심하면 대부분의 사람은 먼저, 보이는 행동부터 바꾸는데 급급하다. 세일즈맨들은 세일즈 실적을 올리기 위해서 행동을 바꾸는 세일즈 테크닉 교육부터 투자하려고 한다. 이것은 마치 열쇠를 집 안에서 잃어버렸는데 밖이 밝다고 밖에서 열쇠를 찾는 것과 마찬가지다. 보이는 결과를 바꾸고자 한다면, 원인이 바뀌어야 한다.

3

심플하지만 강력한
마인드의 비밀

'마인드 컨트롤이 성공으로 이끌어준다'라는 말을 많이 들어보았을 것이다. 그렇다면 '마인드'는 무엇일까? 마인드라는 말을 들으면 당신은 어떤 이미지가 떠오르는가? 어떤 사람은 '생각'이 떠오른다고 하는데 생각을 이미지화할 수는 없다. 마인드의 이미지가 내 머릿속에 정확하게 각인되어 있지 않다면 모두가 마인드에 대한 다른 그림을 가지게 된다.

그런데 우리 대부분은 이미지로 생각한다. 예를 들

어 '당신의 집'을 떠올려보라고 하면, 집의 현관에 들어갈 때부터의 이미지가 떠오를 것이다. 그리고 '엄마 얼굴'을 떠올려보라고 하면, 마음의 스크린에 엄마의 얼굴이 나타날 것이다. '엄.마'라는 문자가 떠오르는 사람도 있을 수 있겠지만, 아주 극소수일 것이다.

우리는 이렇게 이미지로 생각을 하기 때문에 마인드에 대한 이미지가 명확하지 않다면 굉장히 혼란을 느낀다. 그래서 마인드를 이해하기 위해서는 정확한 이미지가 있는 것이 무엇보다 중요하다.

이 마인드의 이미지는 미국 텍사스의 서먼 플리트(Thurman Fleet) 박사가 1934년에 개발했다. 플리트 박사는 당시 미국에서 정말 유명한 의사였는데, 그가 병원을 옮기면 옮겨간 지역에 교통체증이 생길 정도였다고 한다.

그가 보통의 의사들과 달랐던 점은 환자들의 증상만 보고 치료하는 것이 아니라 마인드를 통해 치료했다는 점이다. 치료 과정에서 그는 사람들이 마인드에 대한 이해가 전혀 없다는 것을 깨닫고 스틱퍼슨(Stickperson)

이라고 불리는 그래픽을 개발했다. 다음 그림은 여러 나라에서 자주 쓰이고 있으며, 나의 스승인 밥 프록터가 마인드를 설명할 때 언제나 사용하는 심플하지만 매우 강력하고 중요한 그래픽이다.

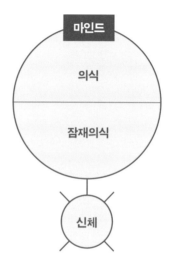

마인드를 이미지로 살펴보자. 윗부분의 큰 동그라미는 마인드이고, 아래의 동그라미는 신체다. 머리가 큰 '대두'라서 이렇게 표현된 것이 아니라, 보이는 신체보다 보이지 않는 마인드가 훨씬 더 크고 중요하기 때문

이다.

우리의 마인드는 두 부분으로 나뉜다. 위쪽은 의식이고 아래쪽은 잠재의식을 나타낸다.

의식은 우리가 생각하는 곳이다. 우리는 모든 정보를 의식에서 입수해서 분석하고 판단한 뒤, 내가 마음에 드는 생각이면 받아들이고 마음에 들지 않으면 거부한다. 당신이 눈을 통해서 마인드에 대한 이미지를 처음 봤다면, 당신의 의식에서는 분석하고 판단하고 이 아이디어를 받아들이거나 거부할 수 있다. 누구도 당신에게 '이것을 생각해야 해'라면서 생각을 강요할 수 없다.

아래의 잠재의식은 우리가 감정을 느끼는 곳이다. 이제까지 우리가 살았던 모든 기억과 경험의 창고라고 볼 수 있다. 우리의 습관, 편견, 믿음 체계가 존재하는 곳이다. 의식과 달리, 잠재의식에서는 생각을 선택할 수 없고 들어오는 생각들을 거부할 수 없다. 외부에서 들어오는 어떤 이미지든 비판 없이 다 받아들인다.

의식이 선장이면, 잠재의식은 선원이다. 선장이 '난

부자다'라고 넣어주면 선원이 '예썰! 난 부자다!'라고 받아들이고, 선장이 '난 뭘 해도 못한다!'라고 넣어주면 선원이 '예썰! 난 뭘 해도 못한다!'라고 받아들인다.

의식에서는 우리가 원하는 어떤 생각이든 선택할 수 있다. 내가 왕십리 점쟁이에게 충격을 받고 '내 인생 내가 바꾼다. 영어를 먹어버리겠다!'라고 했던 건 내가 원하는 생각이었고 나의 선택이었다. 만약 그때 점쟁이의 말에 충격을 받고 계속 술독에 빠져 있었다면 지금의 나도 없었을 것이다. 지금도 여전히 포장마차에서 술잔을 기울이면서 세상은 불공평하다고, 내 인생은 왜 이리 막혀 있냐며 우울하게 살아가고 있을 것이다.

내 의식 안으로 들어오는 정보가 무엇이든, 내가 어떤 선택을 하느냐에 따라 모든 것이 달라진다.

아주 심플하지만 강력한 이 이미지를 체화한다면 당신의 삶은 이전과 같지 않을 것이다. 내가 진행하는 마인드파워 수업에서는 이 이미지를 제대로 이해할 때까지 트레이닝한다. 제대로 이해해야만 지속적으로 적용할 수 있기 때문이다.

그간 수많은 사람이 마인드파워 교육을 통해 인생의 반전을 이루었다. 세일즈 실적 바닥을 치고 병원 신세를 지던 사람이 마인드파워 교육 3개월 만에 세일즈 실적 1등, 억대 연봉 연속 달성에 성공한 사례가 대표적이다. 싱글맘으로 빚더미에서 허덕이던 시절, 서울과 지방을 오가며 교육을 듣고 대박 맛집 창업에 성공하여 지점까지 내며 승승장구한 사례도 있다. 우울증 약을 달고 살며 자살 직전까지 갔던 사람이 교육으로 모든 약을 끊고 건강해진 일도 있었다. 이처럼 수많은 사례가 마인드파워가 얼마나 중요한지를 보여주고 있다. 수업을 들었던 사람들이 '가장 힘든 순간 마인드파워 교육이 자신을 살렸다!'라면서 불쑥 찾아와 감사 인사를 전하기도 한다.

《마파영(마인드파워로 영어 먹어버리기)》또한 마인드파워와 영어 학습을 접목한 방식으로 사람들의 인생을 바꾸고 있다. 3개월 만에 토플 스피킹 빵점에서 목표 점수를 달성하고 평생 원했던 미국 연수 훈련에 성공한 49세 공무원 여성의 사례가 대표적이다. 이외에도 자신의 분야에서 활동 반경을 글로벌로 확장한 수많은 사람의 스토리가《마파영》책 속 사례를 비롯해 '마인드스쿨' 네이버 카페의 마파영 체험담 후기로도 끊임없이 올라오고 있다. 마파영 교육에서도 핵심은 영어가 아닌 '마인드파워'이기 때문이다. 수많은 사람이 '영어 배우러 왔다가 인생이 바뀌었다'고 말하는 이유가 바로 여기에 있다.

이 심플한 마인드의 이미지를 마음속에 새기고, 이 이미지를 대입해서 이 책을 읽어보자! 이해가 더 잘될 것이다!

모든 변화는 내 생각이 바뀌는 순간부터 시작된다. 하루에도 오만 잡다한 생각이 스쳐 지나가지만, 내 감정은 내가 어떤 생각을 선택하느냐에 따라 바뀐다.

4

진동의 법칙과
끌어당김의 법칙

정말 행복한 감정을 느끼는 사람들의 세포를 떼서 현미경으로 자세히 보면 진동이 매우 빠르다고 한다. 반면 슬픔이나 부정적인 감정을 느끼는 사람들의 세포를 떼서 보면 진동이 매우 느리다고 한다.

당신이 슬픈 생각을 하면 당신은 부정적인 진동으로 옮겨간다. 누군가가 경기가 얼마나 안 좋은지에 대해 말할 때 그 부정적인 것에 내 생각이 지배되도록 받아들이면, 당신은 그 주파수로 옮겨지고 같은 진동인 부정적인 것을 더 끌어당길 것이다. 반대로 매우 즐겁고 좋은 무엇인가를 생각하면 긍정의 진동으로 옮겨갈 것이다.

멋진 진동 상태에 가능한 한 자주, 길게 있는 것이 중요하다. 당신의 인생에 나타나는 결과들이 싫다면 자신의 진동을 바꿔야 한다.

현재 당신의 마음속 스크린에 원하는 꿈을 이미지로 그려놓았다면, 당신이 가진 모든 에너지는 그 이미지에 맞춰서 일제히 진동을 일으키며 공명한다. 그 이미지를 유지하고 있는 한, 당신의 에너지는 오직 그 방향으로만 움직인다.

이 세상 만물은 진동한다. 가만히 멈춰 서 있는 것은 아무것도 없다. 그리고 진동이 같은 것끼리 만나게 되어 있다. 당신의 인생에 나타나는 모든 현상은 당신이 끌어당겨서 일어나는 '끌어당김의 법칙'이다. 이는 이 진동 법칙의 일부라고 볼 수 있다.

우리는 원인과 결과의 세상에서 살고 있다. 대부분의 사람은 결과를 바꾸기 위해서는 내가 하는 행동을 바꾸어야 한다고 생각하지만, 이 행동의 진짜 원인은 보이지 않는 나의 마인드에 있다. 따라서 인생에 나타나는 결과를 정말 바꾸고 싶다면, 마인드를 바꿔야 한다. 앞서 이야기한 **'사람은 생각하는 대로 된다'**를 80쪽의 마인드 이미지에 대입해서 다시 읽어본다면 훨씬 이해가 빠를 것이다. 내 마인드의 상태를 알고 싶을 때마다 앞서 살펴본 이미지를 떠올리자. 내가 어느 상태에 있는지, 왜 그런 행동을 하는지 좀더 쉽게 이해될 것이다.

생각이 감정에 영향을 주고, 이 감정이 행동에 영향을 줘서 결과를 바꾼다. 쉽게 말해, 우리가 결과를 바꾸고 싶으면 우리의 생각을 바꿔야 한다는 것이다.

미국 철학자 랠프 월도 에머슨이 말한 것처럼, 하루 동안 자신이 생각한 그 자체가 바로 그 사람이다. 로마 황제인 동시에 위대한 철인이자 현인이었던 마르쿠스 아우렐리우스도 말했다.

"사람의 일생이란 그 사람이 일생을 어떻게 생각했는가 하는 것이다."

나 또한 우연히 읽은 조셉 머피 박사님의 책을 통해

서 내 안에 있는 마인드파워를 이해하고, '내가 생각하는 것이 지금의 나를 만들고 있었구나'라는 사실을 절실히 깨닫게 되었다. 나는 계속 눈에 보이는 결과에 집착하면서 부족과 결핍에 집중하고 굉장히 두려워해왔다는 사실을 깨달았다. 밑 빠진 독에 물 붓는 듯한 현실을 보면서 '돈을 계속 벌어봤자 밑 빠진 독에 물 붓기'라고 생각했고, 그 생각은 내 감정을 부정적인 진동 상태 방향으로 움직이게 했다. 결국 나에게 '밑 빠진 독에 물 붓기'라는 현상을 계속해서 볼 수밖에 없는 악순환이 이어지고 있던 것이다.

그동안의 강한 의문점, '왜 아무리 애를 써도 계속 쳇바퀴를 도는 기분일까?'에 대해 **바로 내가 그렇게 생각하기 때문이다**'라는 사실을 깊이 이해하고 깨닫게 되었다.

대부분의 사람은 자신의 은행 잔고가 비어 있는 것을 발견하고 돈이 하나도 없다는 생각을 하면, 곧바로 가난이라는 개념을 떠올린다. 이렇게 마음속에 형성된 개념은 곧 현실로 나타나게 되고, 자신이 원하지 않는 상태가 되풀이된다. 실제로 비어 있는 은행 잔고를 보면서 돈이 꽉 찬 통장을 마음속에 그리는 것은 분명히 비현실적이다. 그러나 당신이 알아야 할 것은 바로 그런 생각이 가난한 상태를 평생 벗어나지 못하게 하는 요인이라는 사실이다.

당신의 은행 잔고나 판매 실적, 건강, 사회적인 지위 등은 자신이 그동안 생각해온 모습의 결과라는 사실을 깨달아야 한다. 현실에서 그런 모습을 진정으로 바꾸길 원한다면, 지금껏 가지고 있던 당신의 생각을 바꿔야 한다. 그것도 지금 당장!

> **사람들은 자신의 환경을 개선하려고 애를 쓴다.**
> **하지만 자신을 개선하는 데에는 소극적이다.**
> **그래서 늘 갇혀 있게 된다.**
> – 제임스 앨런
>
> *Men are anxious to improve their circumstances,*
> *but are unwilling to improve themselves;*
> *they therefore remain bound.*
> – James Allen

5

기적을 이루는
마음의 상태

성공한 사람들을 연구해보면 그들은 최악의 상황에서
도, 누가 비난하거나 비판해도 절대 흔들리지 않는 자신
감과 확신의 소유자들임을 알 수 있다. 세상을 살다 보
면 누구나 고난과 역경을 만나게 마련인데, 이들은 강한
신념으로 절대 포기하지 않고 이겨나간다. 결국 내면의
마음 상태가 불가능한 것을 이루게 하는 것이다.

'Impossible(불가능한)'로 비치는 것을 'I'm possible
(나는 가능하다)'로 바꿔내는 사람들은 보이지 않는 확고

한 신념을 가지고 있다.

'신념'이란 무엇일까? 믿음을 넘어선 확신, 이미 마음속에서부터 아는 상태가 바로 신념이다. 잠재의식은 신념에 반응하기 때문에 신념의 마음 상태를 이해하는 것이 중요하다. 왜냐하면 모든 성공한 사람들은 이를 제대로 이해했고, 그것이 불가능을 가능으로 만들어냈기 때문이다.

그렇다면 이들은 처음부터 신념을 가질 수 있었던 것일까? 아마 그렇지 않을 것이다. 누구도 처음부터 해내는 사람은 없기 때문이다. 당신도 다음의 단계들만 이해한다면, 어떤 것에도 흔들리지 않는 신념을 장착할 수 있다!

신념에 이르려면 세 단계를 거쳐야 한다.

처음에는 기대(expectation)로 시작된다. 목표를 명확하게 세우고 기대 속에 계속 그 생각을 하다 보면, 무형의 씨앗이었던 작은 아이디어에 에너지가 더해져 조금씩 자라기 시작한다. 그리고 그 아이디어와 친근해지기 시작한다.

그러다가 어느 순간 믿음(belief)의 단계로 이동하면서 그것과 관련된 기회들을 더 보게 되고, 목표가 이루어지리라는 것을 믿기 시작한다.

그 믿음이 더 굳어지면 확신을 가지게 되고, 그렇게 되리라는 것을 아는 상태가 된다. 즉, 신념(faith)의 상태다. **거짓이든 진실이든, 거듭 되풀이해서 반복적으로 생각하면 결국엔 그 사람의 신념이 되는 것이다.** 자신이 마음속 깊은 곳에서 그리는 그대로의 사람이 되어간다.

신념의 상태에서는 집착이 사라진다. 그것이 이루어질 것을 이미 마음속에서 알기 때문에 '어떻게 하면 좋을까?' 고민하며 이것저것 신경 쓰거나 걱정하지 않게 된다. 반대의 경우를 예상하지 않고, 의지의 힘을 억지로 사용하려고 하지 않는다. 아이들처럼 무작정 믿는 것이다.

부자들은 자신이 당연히 부자가 되리라는 것을 안다. 사업이 잘 안되는 순간에도, 매출이 계속 떨어지는 상황에서도 최종적으로는 일이 잘 풀릴 것임을 고요하

**게 확신한다. 애쓰면서 잘될 것으로 생각하며 노력하
지 않는다는 얘기다. 그 고요한 확신이 다시 그에게 풍
요를 안겨준다.**

어느 집에 보일러가 고장 나 사람을 불렀는데, 그가
수리비로 200달러를 청구했다. 집주인이 어디가 고장
이냐고 묻자 수리공이 볼트 하나가 부러진 거라고 답
했다. 집주인은 "겨우 볼트 하나에 200달러라니 너무
비싸지 않소?" 하고 말했다. 그러자 수리공이 이렇게
말했다.

"나는 볼트값으로는 5센트를 청구했습니다. 나머지
199달러 95센트는 어디가 고장인지를 발견하는 데 든
비용입니다."

당신의 잠재의식은 이 보일러 수리공 이상으로 육체
모든 기관의 나쁜 곳을 찾아내고 고치는 방법과 수단을
알고 있다. 어디가 어떻게 잘못됐는지 일일이 말할 필
요도 없고, 고치는 방법에 관해 이것저것 마음 쓸 필요
도 없다. 이미 잠재의식이라는 최고의 숙련공을 데리고

있으니 최후의 결과를 확인하는 것으로 충분하다.

가장 중요한 것은 편안한 자세를 갖는 것이다.

숙련된 수리공이라도 일하는 도중에 집주인에게 이 것저것 지시를 받거나 잔소리를 듣는다면 작업을 제대로 하기가 힘들 것이다. 잠재의식 역시 마찬가지다. 세세한 일이나 수단을 걱정해야 하는 상황이면 제대로 활동할 수가 없다.

그러니 당신은 문제가 무엇이든지 결국 원만하게 끝나리라는 것을 미리 느끼면 된다. 즉, 잠재의식에 완전히 맡기라는 뜻이다. 지금 당신의 소망이 달성된 상태에 있다고 느끼고, 마음을 편안하고 태평하게 가져라.

6

당신의 부에 축복을 보냅니다

중·고등학교 때 내 친구들은 다 큰 집에 살았다. 개인 과외를 받았고, 철마다 가족과 해외여행을 다녔다. 그 모습이 그렇게 부러울 수가 없었다. 친구들 집에 다녀오면 나는 축 처지고 우울해졌다. 내 처지와 비교하면서 나도 모르게 질투를 느꼈기 때문이다. 그래서 오기가 생겨 공부를 더 열심히 했다.

하지만 지금은 어릴 때 많이 가지지 못했던 것에 감사함을 느낀다. 부모님께 의지하지 않고 독립적으로 자랄 수 있었기 때문이다. 집안의 외동딸이었지만 온실 속 화초가 아닌 야생의 잡초처럼 자랐는데, 그러지 않았다면 지금의 나도 없었을 것이다.

'사촌이 땅을 사면 배가 아프다'라는 말은 질투의 감정을 표현한 것이다. 그런데 사촌이 땅 사는 것을 보고 질투심을 느낀다면 그 사람은 절대로 풍요로워질 수 없다. 잠재의식이 질투를 부정적인 감정으로 받아들이기 때문이다. 타인이 가진 부를 질투하는 것은 자신의 부에 대해서도 부정적인 감정을 갖는 것이고, 그러면 잠재의식 역시 부를 부정하게 된다. 사촌의 땅을 질투하면 그 땅은 절대 당신에게 오지 않고, 이미 와 있는 땅도 당신에게서 흘러나간다. 당신이 그 땅에 대해서 부정적인 발산을 했기 때문에 그 땅도 당신에게 부정적인 발산을 한다. **내가 좋아해야 상대도 나를 좋아하듯이, 내가 돈을 좋아해야 돈도 나를 좋아한다.**

대체로 가난한 사람들의 지배적인 감정은 질투다. 가난한 사람들끼리는 서로 돕고 자기보다 불쌍한 사람에게는 동정심을 느끼지만, 자기보다 나은 생활을 하는 사람들에 대해서는 함께 있는 것을 불편해하고 강한 반감을 갖는다.

예전에 한국엔 딱 한 대 있던 차를 몰고 다닌 적이 있는데, 부촌과 부촌이 아닌 지역에 갔을 때 사람들의 반응이 여실히 다르다는 걸 느꼈다. 강남 부촌에서 10억짜리 벤츠를 타는 사람을 만났는데, 내 차를 보고는 우리나라에서 본 적이 없는 차라며 엔진을 보여달라고 했다. 엔진을 이리저리 살펴보면서 감탄을 하며 좋은 차라고 칭찬을 해주었다. 그런데 어떤 지역에 갔을 때는 상대방 차가 막무가내로 바짝 따라붙으며 운전을 방해했다. 안전 거리도 유지하지 않고 내 차 앞으로 불쑥 끼어드는 운전자가 많아 곤혹스러웠다.

부유한 사람들은 대체로 남에게 좋은 일이 생기면 진심으로 기뻐하고 축하해준다. 다른 사람의 좋은 일과 부를 진심으로 축하해준다면 그 플러스의 발산이 나에게도 흡수된다.

누군가가 돈을 많이 벌었다고 할 때 질투심이 올라오려고 하면, 이제는 진심으로 기뻐해주며 말하자.

"당신의 부에 축복을 보냅니다."

당신이 그의 부에 축복을 발산한 만큼 당신에게도 그 축복과 행운이 올 것이다. 이렇게 외쳐도 좋다.

"당신의 부에 축복을 보냅니다. 그리고 나에게도 행운이 오고 있습니다."

그 사람이 가진 부와 행운을 진심으로 축하해주자. 이는 자기 자신에게도 행운을 끌어들이는 행동이다.

잠재의식은 감정에 반응한다. 우리는 항상 기분이 좋거나 나쁘거나 둘 중 하나의 상태에 있다. 내가 기분이 좋으면 그것은 내가 좋은 생각을 하고 있다는 뜻이고, 기분이 나쁘면 나쁜 생각을 선택했다는 의미다. 내가 선택한 생각이 내 감정에 영향을 주기 때문이다.

나쁜 감정은 가만히 있어도 잠재의식 안으로 쉽게 들어오지만, 좋은 감정은 자기 암시의 힘을 빌리지 않고는 잘 들어오지 않는다. 사람들은 대부분 부정적인 생각 속에서 살아가기 때문에 가만히 있으면 부정적인 생각에 나도 모르게 휩쓸린다.

불행, 분노, 좌절, 질투 등의 부정적인 감정은 우리가 앞으로 나아갈 수 없게 하고 행복을 방해하는 가장 큰 적이다. **부정적인 감정을 없애지 못하면 우리가 하는 모든 노력을 망치게 되고, 성취로 얻을 수 있는 기쁨과 즐거움을 빼앗긴다.** 이 감정은 삶에 아무런 도움을 주지 못하며 오히려 삶을 파괴한다.

당신이 건설적으로 성장하고 나아가고자 한다면, 부정적인 감정을 제거하겠다고 의식적으로 노력해야만 한다. 부정적인 감정을 없애야 그것이 만들어내는 마음의 슬픔과 고통에서 벗어날 수 있다. 따라서 크게 성공하고 싶다면, 가장 먼저 해야 할 일이 바로 부정적인 감정을 제거하는 것이다.

사촌이 땅을 산 것을 보고 배가 아프다면 이렇게 말하자.

"나의 사촌과 그 땅에 축복을 보냅니다! 그리고 나에게도 그 축복이 함께합니다!"

이렇게 생각을 전환하면 기분도 좋아진다. 좋은 감정이 내 마음속에 가득 차서 나쁜 감정이 들어올 틈이 없게 하자! 생각의 전환은 단 한 번의 연습으로는 되지 않는다. 그러나 자꾸 연습하다 보면 이것도 습관이 되고 당신은 비로소 잠재의식을 조종할 수 있게 된다. 그러면 당신은 삶의 진정한 주체자가 될 것이다.

당신은 충만하게 행복할
권리가 있다

스물두 살 때부터 자기계발 분야와 밥 프록터의 마인
드 프로그램들을 꾸준히 공부했다. 그와 함께 내 삶이
180도 변화하면서 깨달은 것이 해답은 외부에서 찾을
수 있는 게 아니라는 점이었다. 외부에서 돌아가는 현
상은 눈에 보이는 것이지만, 그것은 눈에 보이지 않는
내부가 어떻게 돌아가느냐에 따라 변화한다. 우선 나
자신이 어떻게 생각해왔는지를 살펴보고, 그 생각을
바꾸는 것이 궁극적으로 내 삶의 결과를 바꾼다는 사

실을 깨달았다.

인간이 가진 창조 능력을 연구하는 전문가들에 따르면, 인간의 마음속에는 깊이를 측정할 수조차 없는 엄청난 잠재력이 있는데 우리는 그 잠재력의 극히 일부도 사용하지 못하고 죽는다고 한다. 대부분의 사람은 자기 안에 무한한 잠재력이 있다는 것도 모르고, 그것을 어떻게 끌어내어서 사용하는지 이해하지 못하기 때문에 매일 다람쥐 쳇바퀴 돌듯 사는 대로 생각하며 살아간다. 그러는 동안 내부의 무한한 잠재력은 사용되기를 기다리다가 어느덧 풀이 죽고 녹이 슬어버린다.

우리 모두 똑같이 무한한 능력을 갖추고 있는데 어떤 사람은 그것을 잘 활용하는 반면, 어떤 사람은 그것이 있는지조차 모르고 살아간다. 이 얼마나 불공평한 일인가.

우리는 불행해지려고 이 땅에 온 것이 아니다.
우리는 하루하루 힘들게 살려고 이 땅에 온 것이 아니다.

우리는 행복해지기 위해서 귀하게 태어난 존재다.
우리에겐 충만하게 행복할 권리가 있다.

아주 훌륭한 교육을 받았건 받지 못했건, 받쳐줄 부모님이 있건 없건, 지금 당장 돈이 있건 없건, 잘생겼건 못생겼건 간에 우리는 누구나 놀라운 삶을 만들어갈 수 있다. 우리가 그 선택을 하는 순간부터 가능해진다. 그 선택을 하고 결단한 순간부터 나의 행동이 바뀌고, 그에 따라 모든 상황이 바뀌어간다.

사람은 자신이 마음먹은 대로 될 수 있다. 초라한 들러리이자 '찌질이' 최고봉이었던 내가 180도 바뀌어 '사람은 자신이 마음먹은 대로 된다'라는 사실을 내 삶을 통해 증명하고 있다.

마인드파워 교육을 통해 인생 반전을 이룬 수많은 사람 역시 '자신의 삶은 결국 자기 생각대로 된다'는 것을 증명해준다.

삶에 지쳐 힘들어하던 사람들이 나의 마인드파워 교육을 통해 더 행복하고 자신 있게 변화하는 모습을 보면서 나는 다시 한 번 결심했다.

'내가 살아 있는 동안 접하는 수많은 사람이 자신의 내면에 잠자고 있는 무한한 마인드파워를 이해하고 삶에서 적용할 수 있도록 돕자! 마인드파워로 세상을 이롭게 하자!'

Let's
DO!

다음 내용을 노트에 적고 크게 외쳐보자!

•

우리는 불행해지려고 이 땅에 온 것이 아니다.

우리는 하루하루 힘들게 살려고 이 땅에 온 것이 아니다.

우리는 행복해지기 위해서 귀하게 태어난 존재다.

우리에겐 충만하게 행복할 권리가 있다.

나는 무한한 힘을 가진 존재다!

THE PLUS

제3막

행복한 부자로 가는 심플하지만 확실한 17법칙

THE PLUS

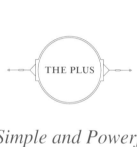

THE PLUS

*The 17 Simple and Powerful Laws
to Be Happy and Rich*

원하는 돈의 액수를
명확하게 정한다

행복한 부자가 될 수밖에 없는 확실한 방법 첫 번째, 당신은 진정 얼마를 원하는가?

교육을 진행하다 보면, 대부분이 모호한 목표를 가지고 있다는 걸 알게 된다. 단순히 '나는 많은 돈을 원해', '좀 더 좋은 집에 살고 싶어', '좀 더 좋은 직장을 가지고 싶어' 같은 불분명한 바람이 아니라 정확히 얼마를 원하는지, 어떤 집을 원하는지, 어떤 일을 원하는지를 명확하게 정하는 것이 중요하다.

명확하면 할수록 '나는 이만큼을 원한다'라고 잠재의식에 구체적으로 명령을 내려줄 수 있다. 당신의 마음속에 있는 잠재의식은 24시간 작동하긴 하지만 생각을 선택하는 능력은 없다. 그저 의식에서 넣어준 것을 이미지 상태 그대로 받아들이고 그에 따른 형태를 만들어낼 뿐이다. 그러므로 단순히 "많은 돈이 필요해!"라는 표현은 부족하다. 잠재의식은 1,000원이 적은 돈인지, 1억 원이 많은 돈인지 구분하지 못한다. 구체적인 액수를 선택해서 넣어주어야 잠재의식이 받아들일 수 있다.

따라서 '얼마만큼의 돈이면 충분하겠는가'를 직접 결정하는 것이 첫 단계가 되어야 하고, 이는 너무나도 중요하다.

구체적이고 정확한 답을 얻으려면 앞으로 그 돈을 어디에 쓸 것인지를 먼저 생각해봐야 한다. "먹고살기 위해서 돈이 필요하다"라는 대답으로는 충분하지 않다. "더 나은 생활을 원한다"로도 충분하지 않다. 구체적으로 '얼마나 더 나은' 생활을 말하는 것인가?

이것을 위해 구체적인 훈련이 필요하다.

당신이 원하는 삶의 모습을 시각화하고, 매달 어떤 항목들에 돈을 쓰고 싶은지 다음 페이지의 목록 왼쪽에 적어보자. 이를테면 집세, 자동차, 옷, 생활용품, 교육, 휴가, 여가 생활, 보험, 저축, 식비 등이 있을 것이다.

각자 자신에 맞게 생각나는 대로 목록을 적어보자. 이때 중요한 것은 현재의 형편에 맞는 용도를 적는 것이 아니라, 당신이 원하는 삶에 이르러 하고 싶은 일을 맘껏 할 때의 목록을 적는 것이다. 예를 들어 하루 세 끼 먹는 것은 똑같지만 분식집에서 김밥을 먹느냐, 미슐랭 가이드에 선정된 레스토랑에서 귀족 대우를 받으며 먹느냐는 천지 차이다.

일주일에 한 번 이상 그렇게 식사를 한다면 대략 얼마만큼의 돈이 들까? 항목별로 금액을 추정해서 구체화 목록 오른쪽에 적자.

지금은 오래된 평범한 차를 타고 다니지만, 오랫동안 꿈꿔온 드림카를 몰고 다니는 모습을 상상해보자. 차종은 무엇이고, 색상은 어떠하며, 몇 대나 가지고 있

[행복한 부자, _____ (이름)의 목록]

항목	금액

는가? 비용은 얼마나 들겠는가?

우리나라에도 좋은 곳이 많아서 지방으로 휴가를 갈 수도 있지만, 1년에 두세 번은 해외여행을 한다면 어디로 가겠는가? 그곳에 가서 어떤 것들을 하고 싶은가? 거기에는 얼마만큼의 비용이 들겠는가?

기억하라! 단 한 번뿐인 소중한 당신의 인생이다. 사는 것을 연습으로 낭비할 시간도 충분치 않다. 남의 삶을 대신 사는 것이 아니기에 당신은 인간으로서 최고의 삶을 누려야 한다. 당신은 이 모든 것을 누릴 만한 충분히 가치 있는 존재이다.

당신은 부자로 태어났다! 그렇기에 당신이 원하는 만큼의 돈을 가지고 원하는 것들을 소유하며, 당신이 선택한 삶을 마음껏 누리며 살아가야만 한다.

이 목록을 작성해보는 것이 아주 좋은 점 중 하나는 잠재의식을 자극한다는 것이다. 목록을 써 내려가는 동안 항목별로 이미지화하여 상상할 수 있기 때문이다. 내가 원하는 라이프스타일을 상상해보며 어떤 집에서 살고, 어떤 차를 타고, 어떤 레스토랑에서 누구와 밥을 먹고, 어떤 교육을 받으며 성장하고, 어떤 나라를 누구와 함께 가서 무엇을 하는지 등의 구체적인 이미지를 떠올릴수록 **그 돈을 벌어야 하는 이유가 마음속에 더 깊이 각인된다.**

목표는 내가 필요로 하는 것이 아니라 **내가 마음속에서 진심으로 원하는 것이어야 한다.** 필요로 하는 것에는 어떤 영감도 없다. 왜냐하면 우리는 필요한 것을 어떻게 얻는지 이미 알고 있기 때문이다. 여기에는 어떤 '성장'도 없다.

어떻게 얻을 수 있는지를 이미 의식적으로 알고 있다면 내가 선택한 목표는 목표로서의 가치가 없다. 물론 그것을 의심 없이 얻겠지만 나의 의식에 어떤 성장도 가져오지 않기 때문이다. 그러나 내가 마음속에서 진심으로 원하는 것은 나에게 큰 영감을 준다.

밥 프록터는 언제나 말한다.

"목표는 충분히 높아서 그것이 나를 설레게 하기도

하고 동시에 두렵게 만들기도 해야 한다."

"When you set a goal, it should scare and excite you at the same time."

이 두 가지 감정이 공존하게 하는 목표! 생각만 해도 짜릿하지 않은가? 만일 세상 모든 것이 확실하다면 무슨 재미가 있고 어떤 의욕이 생기겠는가. 당신이 원하는 삶을 마음껏 상상하라!

모든 것이 정해진 대로 흘러가고 예측 가능하다면 우리가 어떤 의지나 희망을 가지고 매일 노력할 필요가 전혀 없을 것이다. 모든 것이 미리 정해져 있는 삶은 희망도 없고 너무나 재미가 없다. 미리 정해져 있지 않고 모든 것이 불확실할 때 우리는 내 인생을 원하는 대로 설계할 수 있다는 희망을 가지게 된다. 그러니 바로 지금이 얼마나 행복하고 짜릿한 삶인가!

당신의 내부에는 무한한 능력과 재능이 잠재되어 있다.

성공학의 대가로 꼽히는 얼 나이팅게일(Earl Nightingale)

은 말했다.

"여기 좀 이상한 사실이 하나 있다. 사람들은 자기 일이나 목표를 과소평가하는 경향이 있다. 반면, 자신이 할 수 없는 일들은 다른 사람이 충분히 할 수 있을 것으로 여긴다. 하지만 그것은 사실이 아니다. 사람들은 누구나 재능과 능력의 잠재력을 분명히 가지고 있으며 자신이 원하는 것은 무엇이든지 할 수 있다."

이 말은 어떤 의미일까? 많은 사람이 '저 사람은 할 수 있지만, 나는 못한다'라는 생각을 하고 있다는 뜻이다. 하지만 그 사람이 했다면, 당신도 할 수 있다!

무일푼으로 미국 실리콘밸리에 가서 큰 성공을 거둔 자랑스러운 한국인 김태연 회장이 했던 말과 같다.

"그도 할 수 있고, 그녀도 할 수 있다면, 왜 내가 못하겠는가?"

얼 나이팅게일이나 김태연 회장의 말처럼, 누군가가 이루어냈다면 당신도 할 수 있다.

당신이 쓴 액수를 보라. 월 어느 정도의 금액인가?

명확한 액수가 그려졌다면, 이제 그것을 당신의 비

밀번호로 만들어라. '몇 년도 월 얼마'를 비밀번호로 설정하면, 로그인할 때마다 의식적으로 그 액수를 외치게 된다. 예를 들어 2021년까지 월 1,000만 원을 목표하고 있다면 '2021년월천'을 비밀번호로 하는 것이다. 외칠 때 중요한 것은 앞서 그렸던 이미지를 떠올리며 가능한 한 실감 나게 느껴보는 것이다.

Let's DO!

다음 문장을 쓰고 외치자.

그도 할 수 있고, 그녀도 할 수 있다면,
나도 할 수 있다!

내가 원하는 액수 _____을
나는 _____까지 반드시 이룬다!
내가 이것을 원하는 이유는 _____다.
해낸 지금 이 순간!
행복하다!
감사하다!

눈앞에 있는 현실처럼
생생하게 상상하라

석유왕 프라그라는 자신의 성공 비결로 계획이 완성된 것을 머릿속으로 명확하게 보는 능력을 꼽았다. 그는 눈을 감고 거대한 석유 산업을 상상하면서 기차가 레일 위를 달리는 것을 보고, 기적이 울리는 것을 듣고, 뿜어져 나오는 연기를 본다.

이처럼 성공한 이들이 끊임없이 사용하는 한 가지 '비밀'은 바로 원하는 것을 생생하게 상상하는 것이다.

똑같이 어려운 상황에서 사업을 시작해 마침내 성공

한 사람과 실패한 사람의 차이를 살펴보면, 주요 원인은 보이지 않는 생각에 있음을 알 수 있다. 사업에 성공하는 사람은 이전부터 자신의 사업이 번창하는 장면을 머릿속에 그리면서 그것이 실현되었을 때의 이미지를 현재처럼 느끼는, 생생하게 상상하는 시간을 가진다. 반면, 실패하는 이들은 눈앞에 놓인 청구서나 빚, 매출 부진 등의 걱정과 근심, 두려움에 갇혀 마음속이 늘 혼란스럽기 때문에 쉽게 어두운 방향으로 상상의 날개를 편다. 그래서 그에게는 실제로 걱정했던 일이 일어나게 된다.

> **상상이 지식보다 훨씬 중요하다.**
> - 알베르트 아인슈타인
>
> *Imagination is more important than knowledge.*
> *- Albert Einstein*

우리 주위의 모든 것을 하나하나 돌아보면 누군가의 상상에서 시작되었음을 알 수 있다. 지금 우리가 당연히 생각하는 의자나 테이블조차 과거에는 존재하지 않았다. 종이조차 존재하지 않아서 돌에 문자를 새기던 때가 있었다.

우리가 지금 당연히 쓰고 있는 스마트폰을 생각해보자. 만약 20년 전에 누군가가 "전화기로 TV 보고, 웹서핑하고, 계좌이체도 할 수 있어요"라고 말했다면, 모두가 제정신이 아니라고 말했을 것이다. 하지만 실제로 어떤가. 스마트폰이 수많은 전자기기를 대체하고 있다. 우리가 현재 당연히 누리고 있는 눈에 보이는 모든 것은 처음에 누군가의 보이지 않는 생각에서 시작되어 끊임없이 구체적으로 상상돼 탄생했다.

전 세계를 강타했던 책《시크릿》과 그 책을 바탕으로 만들어진 DVD에서 강조한 것도 자신이 원하는 모습을 생생하게 시각화하라는 것이다. 생생하게 시각화하면 할수록 우주가 그것을 만들어내기 위해 작동하기 시작한다.

수많은 자기계발 도서에도 자신이 생생하게 상상하고 그 상상 속에서 본 대로 살아가는 성공한 이들의 스토리가 가득하다. 말더듬이였던 사람이 유창하게 말하는 자신의 모습을 끊임없이 생생하게 그린 결과 세계적인 강연가로 탈바꿈했다는 스토리, 병을 앓고 파산했던 사람이 건강한 몸으로 풍요를 누리는 모습을 끊임없이 상상해서 자신이 그린 대로 살아가는 스토리 등 실제 일어났던 일들이 상상의 중요성을 보여준다.

이는 결코 나와는 상관없는 꿈같은 이야기가 아니라, 지금 이 글을 읽고 있는 당신에게도 일어날 수 있다. **긍정적으로든 부정적으로든, 상상력은 누구에게나 항상 24시간 작동한다.** 그런데 안타깝게도 대부분의 사람은 상상력을 잘못된 방식으로 사용한다. 내가 바라는 아이디어를 생생하게 상상하고 행동과 결합하는 대신에 왜 현실화될 수 없는지, 왜 할 수 없는지를 상상해서 바로 그 아이디어 자체를 의식에서부터 거부해버린다. 그러니 잠재의식까지 도달하지 못하는 것이다.

예를 들어 연봉 5,000만 원을 받는 사람이 1년에 10억 원을 버는 목표를 세웠다고 해보자. 1년에 10억 연봉을 받는 자신의 모습을 상상하니 마음이 짜릿하고 신이 난다. 마음의 법칙을 공부하고 "나는 할 수 있다!"라고 외치며 자신감 있게 행동하려는 찰나, 갑자기 판단의 소리가 내 안에서 들린다.

'이것이 어떻게 가능할까? 과연 내가 할 수 있을까? 한 번도 해본 적이 없는데. 이건 절대 있을 수 없는 일이야.'

그리고 과거에 실패했던 기억들이 올라온다. 1년에 10억 연봉은 생각하면 할수록 말도 안 되는 얘기다.

결국 '그래, 난 아니야. 내가 어떻게…. 그냥 이대로 살자'라며 이 아이디어 자체를 의식에서 거부해버린다.

많은 사람이 더 큰 집, 더 좋은 직업, 더 많은 돈을 원하면서도 지금까지의 결과로 봤을 때 그것들은 자신과 친근하지 않고 너무나 거리가 멀다고 생각한다. 그렇게 의식에서 거부하면서 좀더 친근하고 편안한 현재의 결과로 대체해버린다. 현재의 결과가 무한한 잠재력을 통제하도록 내버려두는 것이다. **너무도 안타까운 것은 이렇게 스스로 자신을 제한하며 살아가고 있다는 것조차 의식하지 못한다는 사실이다.**

나폴레온 힐(Napoleon Hill)은 전 세계 500명 이상의 성공한 사람을 조사·연구하면서 그들이 엄청난 상상력의 소유자임을 발견했다.

상상을 할 때는 무엇보다 중요한 것이 있다. 먼저 온 몸의 긴장을 푸는 것이다. 긴장을 푼 상태에서 자신이 그린 대로 행동하는 것을 마음속에서 본다. 긴장을 풀고 그 사람이 되어 있는 자신의 모습을 자주 보는 것이 중요하다.

자, 바로 지금 마음과 몸을 편안히 한 상태에서 당신이 원하는 것을 마음속에 생생하게 그려보자. 원하는 만큼의 돈을 가지고 있는 자신의 모습을 그리고, 원하는 삶을 누리고 있는 모습을 떠올리고 느껴보라.

이제 더는 현재 눈에 보이는 결과가 마음을 통제하도록 두지 마라. 당신이 진정 원하는 것을 눈앞에 보이는 것처럼 생생하게 상상하고, 느끼고, 그것이 현실에서 이루어진 것처럼 행동해보라. 매일매일 꾸준히 실천한다면 분명 놀랄 만한 일들이 일어날 것이다.

상상력을 오랫동안 사용하지 않아서 녹슬어 있다

면, 연습으로 되살릴 수 있다. 어떤 이미지를 시각화하는 게 어렵다면, 당신이 원하는 이미지를 잡지나 온라인에서 찾아 오려서 나만의 비전 보드를 만들어보아도 좋다. 매일 그것을 보며 마치 지금 그곳에 내가 있는 것처럼 느껴보라. 상상력은 사용하면 할수록 더욱 활발해지고 날카롭게 연마된다.

지금까지 내 삶에서는 상상을 통해 이루어지지 않은 것이 없다. 부정적이었던 어린 시절에는 매번 공포영화 속 장면들을 상상했다. 날마다 악몽에 시달리다가 고함을 지르며 깨곤 했다. 그러나 마인드 공부를 시작하고서부터는 내가 원하는 상태만을 상상하려고 했다. 아침에 일어난 즉시, 그리고 잠자기 직전에 상상하는 것을 습관화했다. 물론 처음부터 쉽지는 않았지만 꾸준히 반복할수록 의식적으로 노력하지 않아도 자연스럽게 내가 원하는 모습을 상상하게 됐다. 그리고 놀랍게도 언제나 내 마음속에서 상상한 그대로 되었다.

상상도 자주 하다 보면 근육이 붙어서 더욱 풍부해진다. 그래서 나는 더러운 얘기만 들어도 즉각적으로 상상이 되어서 냄새까지 느낄 정도라 더러운 얘기를 극도로 싫어하는 경향도 있다. 하지만 그럴 때조차 상상 근육은 확실히 단련할 수 있다.

당신이 쓴 액수를 보라. 그 액수를 벌고 있는 자신의 모습을 당신의 마음속 스크린에 구체적으로 그려보라. 원하는 만큼의 돈을 가지고 있는 자신의 모습을 그림으로 그리고, 필요한 것들을 마음껏 사면서 원하는 삶을 누리는 모습을 떠올려보라.

아무리 어려운 상황이 닥쳐도 내가 마음속에 그린 그림을 유지하는 것이 중요하다. 당신의 번영에 대한 이미지를 유지하면서 지금 일어나고 있는 일들은 더 좋은 결실을 보기 위한 것이라는 사실을 기억하라!

분야를 막론하고, 성공한 사람들은 자신이 활동하는 모습을 미리 마음속에서 생생하게 본 이들이었다. 진심으로 그렇게 상상하고 느끼면, 그것은 자연스럽게 행동으로 연결되고 당신이 상상한 대로 될 것이다. 그런 사실을 상상만 해도 짜릿하지 않은가.

당신이 꿈꾸던 것들이 이루어진 모습을 마음속에 그려라. 그것을 작은 목표 카드에 적어 틈날 때마다 꺼내서 읽자! 잠재의식이 완전히 수용할 때까지 수시로 읽는 것이다.

Let's DO!

이룬 모습을 쓰고, 생생하게 지금처럼 느껴보자!

나는 지금 너무 기쁘다.
오랫동안 바라던 꿈이 이루어졌다.

_____

_____

_____

_____

_____

_____

_____

감사할수록
감사한 일이 더 많아진다

부정 덩어리로 살았던 어린 시절, 내 눈에는 언제나 내가 짊어진 수많은 문제만 보였다. 여기도 문제, 저기도 문제, 모든 것이 문제투성이여서 늘 인상을 찌푸린 채 살았다. 마인드의 법칙에 따라, 내가 가지지 않은 것에 집중하고 불평할수록 더 많은 문제와 불평할 일들이 생겨났다.

만약 내가 사흘간 볼 수 있다면

첫째 날에는 나를 가르쳐주신

설리번 선생님을 찾아

그분의 얼굴을 뵙고 싶습니다.

그리고 산으로 가서 아름다운 꽃과 풀,

빛나는 노을을 보고 싶습니다.

둘째 날에는 새벽에 일찍 일어나

먼동이 트는 모습을 보고 싶습니다.

저녁에는 영롱하게 빛나는 하늘의 별들을

보겠습니다.

셋째 날에는 아침 일찍 큰길로 나가

부지런히 출근하는 사람들의 활기찬 표정을

보고 싶습니다.

낮에는 아름다운 영화를 보고

저녁에는 화려한 네온사인과 쇼윈도의 상품들을

구경하고 싶습니다.

그리고 밤에 집으로 돌아와서는 마지막으로

사흘간 눈을 뜨게 해주신 하나님께

감사의 기도를 드리고 싶습니다.

- 헬렌 켈러, 〈사흘만 볼 수 있다면〉 중

　　오래전 헬렌 켈러의 글을 읽고 스스로가 부끄럽게 느껴졌다. 암흑 속에서 지내야 했던 그녀의 입장에서 생각해보며 나는 얼마나 행복하고 감사한 삶을 사는 사람인지를 새삼 느낄 수 있었다.

　　내가 아무렇지도 않게 스쳐 지나가는 것들이 그녀에게는 사흘 동안만이라도 허락되기를 간절히 원한 것들이었다. 가지지 못한 것들에 집중하느라 나는 내가 가진 것이 얼마나 많은지를 생각하지 못했다. 우선 사지가 멀쩡하다는 것 자체가 얼마나 감사한 일인가. 한국에서 태어났다는 것이 얼마나 감사한 일인가. 숨을 쉴 수 있다는 것 자체가 얼마나 감사한 일인가.

　　감사의 파워를 알게 되면서 조금씩 많은 것이 변화했다. 상황은 똑같았지만 내 관점이 달라졌고, 정말 신기하게도 내가 상황을 다르게 보기 시작하자 현실의 상황도 변화했다.

내가 시작한 방법은 아주 간단했다. **하루에 감사한 것 세 가지씩을 노트에 쓴 것이다.** 처음에는 감사할 일을 찾기가 어려워서 세 가지를 채우는 데 30분이 넘게 걸렸다. 그런데 시간이 지날수록 감사한 것이 너무 많아서 세 가지를 고르느라 오래 걸렸다. 그때부터 내 입에서는 습관처럼 나오던 변명이 줄어들었고, 감사한 일들이 점점 더 많아졌다.

내가 이미 가지고 있는 것들에 고마워하지 않으면서 더 좋은 것들이 오기를 기대할 순 없다. 현재 처한 상황에 불평불만을 갖는 순간, 그 부정적인 마음이 주위로 전송되기 때문이다. 우리의 생각이 내가 가지지 못한 것, 빚더미, 가난에 머물고 있다면 우리의 마음도 이를 닮아간다. 그러면 끌어당김의 법칙에 따라 그것들이 우리를 찾아온다.

부정적인 것이든 긍정적인 것이든, 내가 더 관심을 두고 에너지를 주는 것들이 반응해서 내 주위를 둘러싸는 것은 너무도 당연한 자연의 법칙이다.

그러므로 지금 내가 가진 것들에 진심으로 감사해야 한다. 내가 원하는 집에 살 수 있기를 바라면서 내가 지금 살고 있는 집에 고마움을 느끼지 못하고 불평만 한다면, 그 부정적인 마음이 지배하는 감정을 스스로 발산하고 다니는 격이다.

현재 상황에 대해서 불평불만을 갖는 순간 모든 것을 잃기 시작한다. 열등한 것들에 관심을 두면 우리 스스로 열등해지며, 결국 열등한 것들에 둘러싸이게 된다. 그러나 어메이징한 감동의 것들에 관심을 두면 주변이 어메이징한 감동으로 가득 차게 되고, 우리 자신도 그렇게 된다. 보이지 않는 마인드의 힘은 우리가 집중하는 것의 이미지 그대로 현실의 모습을 만들어낸다. 고마운 모든 일에 대해 생각하기 시작하면, 정말 신기하게도 감사해야 할 일들이 꼬리에 꼬리를 물고 이어질 것이다.

그래서 우리 마인드스쿨에 수업을 오는 사람들에게 모두 감사의 진정한 파워를 삶에서 느끼게 해주고 싶은 마음에 네이버 카페에서 '어메이징 땡큐 프로젝트'를 시작했다.

매일 새벽 내가 올리는 글에 카페 멤버인 '마파팸(마인드파워 패밀리)'이 감사한 일 세 가지를 댓글로 참여하는 감사 프로젝트였다! 땡큐 프로젝트에 대한 반응은 실로 놀라웠다. 매일매일 서로의 감사 댓글을 보며 온라인상에서 힘을 얻었고, 서로에게 사랑을 담아 응원 메시지를 보냈다. 온라인상이지만 그 뜨거운 열정과 사랑의 에너지가 넘치도록 전해져 글이 살아 숨 쉬고 있다는 느낌마저 들었다. 2013년 6월 1일에 시작된 감사 프로젝트는 8년 차인 지금까지도 AM(어메이징 모닝) 프로젝트로 매일 이어지고 있으며, 사람들의 변화는 날이 갈수록 커지고 있다.

감사하는 것도 습관이다. 외부 환경과 관계없이 항상 감사하는 마음을 가지고 좋은 것들에만 집중하는 방법을 익혀야 한다. 머리로 아는 것이 아니라 직접 실천해봐야 진가를 알 수 있다. 몸에 밸 때까지 감사하기를 직접 실천해보면, 그 대단한 위력에 누구나 놀랄 것이다. 감사하기는 역사상 모든 선구자의 삶에서 발견할 수 있는 핵심 덕목이다.

자연스럽게 지금 가진 것에 감사할 수 있을 때, 앞으로 일어날 일에 대해서도 저절로 미리 감사하게 된다. 처음부터 욕심내지 말고 '지금 내가 가진 것에 대해서 세 가지씩 감사하기'를 시작해보자.

열정의 에너지를 함께 느끼고 내 마음 근육을 매일매일 단련하며 다른 사람들과 함께하고 싶다면 조성희 마인드스쿨 네이버 카페를 방문해보시라. 바로 당신을 향해 항상 열려 있을 것이다.

지금 당장 방문해서 함께 열정을 발산하고 함께 응원하고 격려하면서 뜨겁게 나아가자. 이 여정에서 함께 손잡고 나아가면, 더 충만한 행복을 매 순간 느끼며 더욱 멀리 갈 수 있다.

좋은 것들이 생길 때 신에 감사하면 할수록 좋은 것들을 더 많이, 더 빨리 얻게 된다는 사실을 잊지 말자!

상상으로만 가지고 있는 것들에 대해서도
신에게 진심으로 감사할 줄 아는 사람은
진정한 믿음을 가지고 있는 사람으로서
부자가 될 사람이다.
- 월러스 워틀스

The man who can sincerely thank God for the things
which as yet he owns only in imagination,
has real faith. He will get rich.
- Wallace Wattles

Let's
DO!

당신은 지금 무엇에 감사하는가?
당신이 가진 것 열 가지를 써보고,
그것에 얼마나 감사하는지 충만하게 느껴보자.

1. _____

2. _____

3. _____

4. _____

5. _____

6. _____

7. _____

8. _____

9. _____

10. _____

나에게 힘을 주는
어메이징 선언문을 만들자

당신은 자신에게 어떤 말을 들려주는가?

나는 박지성 선수를 정말 좋아하는데, 중학교 때 그를 지도했던 코치에 따르면 말수가 적은 박지성 선수가 어릴 때부터 입버릇처럼 하던 말이 있다고 한다.

"나는 성공한다."

'나는 성공할 것이다'도 아니고 '나는 성공하고 싶다'도 아닌 '나는 성공한다'로, 언제나 현재 시제로 표현했다는 것이다. 말에서부터 이미 이루어진 것처럼 느끼는 것이다.

이렇듯 자신에게 매일 어떤 말을 하느냐는 정말로 중요하다. 어떤 말이든 계속 되풀이하여 주입하면, 그것이 진실이든 거짓이든 그 사람은 차츰 그 말대로 되어간다. 거짓말도 계속해서 하다 보면 그것이 진짜처럼 느껴질 때가 있지 않은가. 사람은 자신의 마음속 깊은 곳에서 그리는 대로 되어가는 존재다.

마스터마인드 참가자 중 한 분이 들려준 이야기가 생각난다. 군대 후임 중에 서울대 수석 입학자가 있었다고 한다. 선임들이 날마다 "넌 왜 이렇게 바보 같냐?"라고 돌아가면서 장난을 쳤단다. 그런데 시간이 지날수록 점점 더 바보처럼 행동하더니 나중에는 완전히 바보가 됐다고 한다.

자신에게뿐만 아니라 가장 가까운 사람들에게도 어떤 말을 반복적으로 해주느냐는 정말 중요하다. 나도 모르게 나쁜 말을 반복하면서 자신과 상대에게 부정적인 영향을 끼치고 있을지도 모른다.

내가 하는 말부터 점검해보아야 한다. 매일매일 어

떤 말을 하는지가 쌓여서 내 인생이 되기 때문이다.

아침에 집을 나서기 전 거울을 보면서 자신에게 어떤 말을 해주는가?

일상에서는 어떤 말을 해주는가?

어느 날 기자가 빌 게이츠에게 물었다.

"세계 제1의 갑부가 된 비결은 무엇입니까?"

그의 대답은 간단하고 명료했다.

"저는 날마다 자신에게 두 가지 최면을 겁니다. 하나는 '오늘은 왠지 큰 행운이 있을 것 같다'이고, 또 하나는 '나는 뭐든지 할 수 있어'입니다."

빌 게이츠는 집을 나서기 전 거울 속 자신의 눈을 똑바로 보면서 그렇게 말했다고 한다. 선장이 계속 이렇게 말하면, 선원인 잠재의식이 그대로 받아들이기에 말한 대로 된다.

어떤 집은 부정적인 대화가 일상화되어 있다.

"그럼 그렇지, 뭐. 그 어려운 걸 네가 어떻게 하겠냐."

이런 말을 들으며 자란 아이는 자신에게 뭐라고 할까?

'그래, 내가 어떻게 이걸 할 수 있겠어. 저 사람은 해도 나는 못해.'

'나는 어쩜 이렇게 운도 지지리 없을까?'

'나는 하는 일마다 왜 이리 안될까? 역시 난 아니야.'

자신도 모르는 사이에 부정적인 것을 기대하게 된다.

나만의 어메이징 혼잣말, 즉 어메이징 선언문을 만들어보자. 당신이 가지길 원하는 것을 이미 가지고 있고, 하고 싶은 것을 이미 하고 있고, 바라는 모습 그대로 되어 있다고 단언한다. 이 선언문의 효과를 높이려면, '나는 ~하다'라고 표현하면 된다.

'나는 ~하다'는 가장 강력한 두 가지 말로 구성되어 있다. 우리의 잠재의식은 이런 문장을 모두 받아들이고 하나의 명령, 즉 그렇게 발생하도록 만들어야만 하는 지령으로 이해한다.

그리고 내가 진정 원하는 것을 현재 시제를 써서 짧

고 구체적으로 말한다.

'나는 내 빨간색 미니쿠퍼로 운전을 즐기는 중이다.'

'나는 건강한 48킬로그램, 경쾌하고 멋진 느낌을 만
끽 중!'

이 선언문 예시처럼 원하는 상태를 선명하고 긍정적
으로 표현한다.

이 문장들을 완성한 후, 가능한 한 자주 큰 소리로
읽는다. 그 문장이 묘사하는 자신의 모습을 마음속으
로 생생하게 그려보고, 실제로 내가 그 안에 있는 것처
럼 보는 것이다. **여기서 가장 중요한 점은 '어메이징
선언문'을 소리 내어 읽을 때 말을 무미건조하게 무한
반복하는 것이 아니고, 그것을 반복함으로써 내 마음
에 변화가 생겨야 한다는 것이다. 그것을 이루었을 때
느끼게 될 감정을 지금 벌어진 일처럼 느끼는 것이 중
요하다. 그 느낌이 강하면 강할수록, 실제로 삶에서 일
어나는 변화의 속도도 빨라질 것이다.**

이는 하나의 자기 암시 효과다. 이것을 지속적으로
반복하다 보면, 어느새 나는 그 사람이 되어 있다. 그

러면 기존에 내가 생각하는 방식에도 변화가 온다.

외모에 자신감이 없는 사람이 '나는 점점 매력적인 사람으로 변모하고 있다'라고 매일매일 자신에게 얘기하면, 자신도 모르게 그렇게 행동하게 되고 마침내 매력적인 사람으로 변모하게 된다.

경희대학교 취업 역량 강화 프로그램 'MOSAIK(Mentoring Of Specialist and Alumni In Kyunghee)'에서 마인드와 영어 인터뷰 코칭 전문 컨설턴트로 학생들을 가르친 적이 있다. 그때 내가 맡은 그룹의 학생들에게 꼭 시키는 것이 있었다. 서로의 눈을 쳐다보면서 "조기 취업 축하드립니다!"라고 말하며 서로 악수를 하게 했다.

처음에는 쭈뼛거리며 서로의 얼굴을 쳐다보는 것도 어려워했고, "조기 취업 축하드립니다!"라고 말하면서 피식거리는 학생들이 많았다. 아직 취업도 못 했는데 이렇게 말하자니 웃기고, 그것 자체가 어색하고 유치해 보였을 것이다. 그래도 수업 시작 전과 끝날 때, 그리고 수업 중간중간 수시로 축하 인사를 하게 했다.

시간이 지날수록 학생들은 정말 진심을 담아 "조기 취업 축하드립니다!"라고 큰 소리로 외치며 즐거워했고, 그때만큼은 취업 스트레스에서 해방된 듯이 보였다.

이렇게 자주 외치다 보니 처음의 어색함은 온데간데없이 사라지고 자연스럽게 서로에게 진심을 담아 축하해주게 되었다. 놀라운 것은 즐거워하며 크게 외친 학생들은 실제로 졸업 전에 모두 취업을 했다는 사실이다!

이 강력한 파장은 전염된다. 이것이 나의 생각을 바꾸고, 에너지의 흐름을 바꾸고, 그럼으로써 결과를 바꾸는 어메이징한 도구라는 사실이 수많은 사례를 통해서 입증되고 있다.

당신은 자신에게 무엇을 외치고 싶은가?
자신이 어떻게 변모되기를 원하는가?

나는 무엇을 하든 잘한다.
나는 언제나 활기차다.
나는 언제나 자신감에 넘쳐 있다.

나는 점점 매력적인 사람으로 변모해가고 있다.

나는 언제나 쉽게 목표를 달성한다.

나는 항상 나가는 돈보다 들어오는 돈이 더 많다.

나는 돈을 끌어당기는 자석이다.

나는 행복한 부자다.

　　멋진 목표를 향해 나아가면서 자신을 약하게 하는 생각을 하고 있음을 발견할 때마다 멈추고, 나만의 어메이징 선언들로 바로 대체하는 연습을 해보자. 처음에는 잘 안될 수 있으나, 반복해서 훈련을 하다 보면 습관이 된다. 이 습관이 당신의 인생을 어메이징하게 변화시켜줄 것이다. 타인의 암시가 아닌, 바로 나 자신이 진정으로 원하는 암시를 적극적으로 활용하여 단 하나의 멋지고 감동적인 삶을 만들어가자! 지금 당장 당신의 어메이징 선언문 중 한 문장을 외쳐보자.

　　당신의 웃는 모습을 상상하며 나도 외친다.

　　"나는 수많은 사람들의 삶을 어메이징하게 도와주는 세계적인 리더, 빛이 되는 교육자, 베스트셀러 작가다!"

Let's
DO!

나만의 어메이징 선언문을 작성하고
큰 소리로 외치자!
거울을 보고 웃으며 큰 소리로 외치고
그 느낌을 온전히 느껴보자!

_____

_____

_____

_____

_____

_____

_____

불가능도 가능으로 만드는
기적의 '1,000번 ㅅㅂㄹㄱ'

마인드스쿨의 마인드파워 코치이기도 한 류현우 코치님의 이야기에 우리 패밀리들이 열광하고 '1,000번 시부리기' 열풍이 일어난 적이 있다.

  부산 사람인 류 코치님은 방언인 '시부리다'라는 표현을 썼는데, 사람들은 그 방언이 재미있기도 해서 '1,000번 시부리기'라는 말에 열광했다. 급기야 '1,000번 ㅅㅂㄹㄱ' 컵을 제작해서 매일 아침 그 컵에 물을 마시며 '1,000번 ㅅㅂㄹㄱ'를 마음속에 다지기도 했다.

마인드파워 전문가로서 이를 분석하면, 이 스토리에는 '될 수밖에 없는' 잠재의식의 비밀이 녹아 있다. 그 **비밀을 이 책을 집은 당신에게만 알려줄 수 있어서 기쁘게 생각하고, 이 방법을 적용해서 꼭 목표를 이루기를 바란다. 다시 말하지만, 이해와 적용만이 행복한 부자로 가는 핵심이다. 이해하고 적용한다면 어떤 목표든 반드시 이룰 수 있다.**

일본에서 오랫동안 고생해서 얻은 노하우를 이 책의 독자를 위해 기꺼이 풀어주신 류현우 코치님께 감사드린다.

류 코치님이 일본에서 유학하던 시절, 한국에 IMF 사태가 발생했다. 음향 기술을 배웠는데 한국에 돌아와도 일자리가 없으니 들어오지 말라고 지인들이 조언을 해주었다. 그렇다고 일본에 계속 있기도 비자가 없어 힘든 상황이었다.

이러지도 저러지도 못하던 중, 일본에서 귀인을 만나게 된다. 재학 중이던 학교 취업 담당실에서 고문 역할을 하던 다나카 선생님인데, TBS에서 임원으로 퇴

직한 분이었다. 한국 유학생 중 유일하게 채용공고를 자주 확인하러 오는 류현우 코치님을 보고 기특하게 여겨 자주 술과 밥을 사주었다고 한다. 함께 식사하던 어느 날, 다나카 선생님이 물었다.

"류 군, 앞으로의 계획이 무엇인가?"

"한국은 지금 상황이 좋지 않아 가능하면 일본에서 취직을 하고 싶습니다. 그런데 비자가 없어서 어떻게 할지 고민 중입니다."

류 코치님의 대답을 듣고 한참 생각에 잠겨 있던 다나카 선생님이 말했다.

"흠, 일본에서 취업도 할 수 있고 원하는 것을 모두 이룰 방법을 알고 있는데…. 나를 믿고 그 방법을 한번 해보겠나?"

"그런 방법이 있습니까? 무엇인데요?"

"바라는 것을 매일 1,000번씩 입으로 소리 내는 것이네. 그 문장과 내가 하나가 되는 방법이지!"

'바라는 것을 매일 반복해서 말해 생활의 일부로 만들라'는 뜻이었고, 그것이 바로 '1,000번 시부리기'의

시초가 되었다.

그때만 해도 '시크릿' 같은 개념은 전혀 없었고, 관련 도서도 읽은 적이 없기에 좀 황당한 기분이 들었다고 한다. 그러나 실없는 소리를 하실 분은 아니었기에 그분만 믿고 바로 "네, 해보겠습니다"라고 대답했고 그 방법을 적용하기 시작했다.

그는 단순히 '나는 일본 기업에 취직했다. 입사해서 행복하다!'가 아니라 문장을 아주 구체적으로 만들었다.

"나는 일본에서도 탄탄한 제작회사에서 좋은 조건으로 일하고 있다.
동료들과는 아주 친밀하고 즐겁게 일하고 있으며, 월급을 받으면 부모님께도 매달 용돈을 보내드리며 여가 생활을 즐기고 있다.
이곳에서 나는 행복하다. 도쿄 생활이 너무 재미있다!"

처음에는 오글거리기도 하고, 포기할 뻔했던 적도

많았다고 한다.

'이런다고 뭐가 달라지겠어?'라는 판단의 소리가 내면에서 올라왔다. 자신과는 전혀 맞지 않는 현실이었고, 불가능한 것처럼 보이는 것을 이렇게 고생하면서 외우는 게 말도 안 되게 여겨졌다. 제법 긴 문장이라 잘 외워지지도 않아 1,000번을 하기도 힘들었고, 다 외우고 나서도 전혀 와닿지가 않았다.

그럼에도 아침에 눈뜰 때부터 잠들 때까지 샤워하면서, 밥 먹으면서, 학교 가면서, 아르바이트하면서, 전철역 가는 동안과 전철 안에서, 버스를 기다리면서, 산책하면서, 운동하면서 늘 하루에 1,000번을 되뇌었다. 신앙처럼 기도하는 마음으로, 문장을 뼛속까지 심을 각오로 실천했다고 한다. 아무도 없는 공간에서는 크게 소리치기도 했다.

4~5일을 그렇게 했더니, 신기하게도 그렇게 입에 붙지 않던 문장들이 입에서 술술 나오고 감정도 점점 동화되며 빠져드는 것이 느껴졌다.

그리고 일주일이 지나니 '이거 재미있네!'라는 감정

에서 '와, 이거 가능하겠다! 진짜 그럴 것 같은데?' 하는 느낌마저 들었다고 한다.

계속 반복해서 외우니 회사 생활을 잘하고 있는 자신의 모습이 상상 속에서 저절로 떠올랐다고 한다. 일부러 이미지 트레이닝을 한 것도 아닌데 그 이미지가 보이고, 계속 되뇌다 보니 끊임없이 아이디어가 나왔다.

그리고 마침내 자사 빌딩을 가진 탄탄하고 상여금도 많이 주는 CF 제작사에 들어가게 되었다. 믿기지 않게도, 이후에는 더 나아가 일본의 공중파 민영 방송사인 TBS에도 입사했다. 오랫동안 상상만 해오던 일이 현실이 된 것이다. 이곳에서 '황실 다큐멘터리' 특별방송에도 참여하면서 성공적으로 회사 생활을 했다. 이 다큐멘터리는 일왕의 스토리를 다루는 것으로 2년에 한 번씩 일본인 스태프만 참여해서 제작하는데, 한국인 최초로 함께하게 된 것이다.

여기서 끝이 아니다. 이어 일본 최고의 인기 구단 요미우리 자이언츠의 모기업인 요미우리신문의 자회사 니혼TV에 들어가 요미우리 자이언츠 중계 스태프로까지 활동했다.

가는 회사마다 분위기를 주도해 임원진, 상사, 동료들과의 관계도 돈독하고 좋았다. 가만히 있어도 류 코치님에게 호감을 느끼는 회사 사람들이 많아서 '한국인이 짱'이라는 인식이 생겨날 정도였다. 일본 대기업에서는 대체로 다른 나라 사람에 대한 차별이 있는데 류 코치님 덕에 회사 동료들이 한국 사람을 좋아하는 한류 열풍까지 일었다고 한다.

함께 수학한 동기 열일곱 명 중 취업에 성공한 사람은 류현우 코치님뿐이었다. 또 신기하게도, 졸업하기 1년 전에 일본 취업개정법이 생겨 일본에서 비즈니스 비자까지 받게 되었다.

태어나서 처음으로 경험하는 취업을 인맥 하나 없는 일본에서 했다는 사실 자체부터 놀라울 따름이다. 게다가 일본에서 최고로 꼽히는 방송사에 다녔을 뿐만 아니라 두 번의 이직에 성공했고, 최고의 대인관계와 경제 환경을 누렸다. 모두 '1,000번 시부리기'로 만들어진 어메이징한 결과로, 기적이라고 말할 만했다.

류현우 코치님의 이야기를 마인드파워 전문가로서 다시 풀어보겠다.

이 방법이 정말 좋은 점이, 하루에도 오만 잡다한 생각들이 수없이 생겨나기 마련인데 그런 잡념이 끼어들 틈을 주지 않는다는 것이다. 1,000번을 되뇌어야 하니, 잠깐이라도 혼자만의 시간이 생기면 다른 생각을 할 틈이 없이 염불 외듯 주문을 외워야 한다.

'1,000번 시부리기'를 할 때는 단지 외우는 말이 중요한 것이 아니다. 내 목표가 잠재의식에 동화되도록 지속적으로 주입해서, 그것이 완전한 '신념' 상태가 되도록 하고 나중에는 마음속에서 완전히 믿어버리는 '확신'의 상태로 만들어야 한다. **되풀이하는 말이 아니라 그것을 되풀이하며 생기는 마음의 변화에 잠재의식은 완전히 반응하게 된다.**

류 코치님이 이야기했듯이 자신이 만든 문구지만 처음에는 입에 잘 붙지 않고, 현실적으로 불가능한 상황이라 믿어지지도 않고, 경험해보지 못한 것이어서 친숙하지도 않았다. 그러나 지속적으로 반복하다 보면 마음속에서 진심으로 느껴지며, 가능하겠다는 믿음이 생긴다. 그러고 나면 관련된 기회들과 사람들이 내 주위에 말도 안 되게 나타나기 시작한다. 지속적으로 반복해서 외치다 보면, 자신이 이미 그 상태가 되어 있음을 고요히 확신하게 된다. 이때가 바로 완전한 '신념'의 상태에 들어간 것이다.

내 현실은 아무것도 변한 것이 없는데 마음속에서 완전히 확신하게 되고, 이미 이루어짐에 감사한 마음이 올라온다. 어느 시점이 되면 '감사합니다!'라며 울컥 눈물이 나기도 한다. 이때가 가장 높은 진동의 상태로, 나는 이를 '잠재의식이 기적을 이루는 마음 상태'라고 표현한다.

이것이 바로 '내려놓음'이다. 많은 사람이 "내려놓았더니 이루어지더라"라고 말하는 것을 보고 처음부터 내려놓는 사람들이 있다. 처음부터 아무것도 안 하고 내려놓기만 하면, 행복이 아닌 힘없는 쓴웃음만 올라온다.

진정한 내려놓음이란, 내가 원하는 것을 명확하게

하고 하루 1,000번씩 적어도 100일 동안은 단 한 순간도 마음속에서 원하는 것을 놓지 말아야 한다. 금수저로 태어났다면 정말 좋겠지만, 흙수저로 태어나 내 몸 건사하고 가족까지 부양해야 하는 상황이라면 그만큼 노력해야 한다. 이 정도의 노력도 하지 않고 무엇인가를 거저 얻으려고 한다면 이 세상은 아무것도 주지 않을 것이다.

류 코치님 역시 100일 동안은 온 마음으로 그 문구를 외쳤다. 첫 직장에 입사한 이후에는 모든 문구를 잊고 '내려놓기'를 했다. 즉, 말 그대로 우주에 놓아버리고 1,000번 시부리기를 '감사합니다'로 대체했다. 온종일 '감사합니다'를 외쳤더니 원하는 것이 제때 저절로 찾아오는 놀라운 일들이 발생했다.

예를 들어 학교 갈 때 전철역까지 자전거를 타고 가는데 역 근처에 두면 가끔씩 철거당하곤 했다. 그런데 그때마다 희한하게도 동네 주민이나 아는 사람이 자전거를 주었다.

아르바이트를 할 때도 '이렇게 받아도 되나' 싶을 정

도로 과분하게 급여를 받았을 뿐 아니라, 한 일본인 가족이 자기 집에 들어와 살라며 월세도 안 받고 큰 방 하나를 내어주는 놀라운 일도 있었다고 한다.

시부리기를 내려놓고 감사하기를 반복하니 최종 결과를 얻기 전 과정에서도 감사한 일이 많이 생겼다고 한다. 신념과 감사의 기적을 제대로 체험한 것이다.

내가 만난 백만장자 멘토들은 이 반복의 중요성을 이미 알고 있었다. 밥 프록터는 자기계발 분야에서 성경책만큼 팔린 책 나폴레온 힐의《생각하라 부자가 되리라(Think and Grow Rich)》를 얼마나 많이 읽었던지 책이 조각조각 나 손에 들고 있기도 어려울 지경이었다.

고등학교 때까지만 해도 말더듬이였고, 왕따에 자신감 제로였던 폴 마르티넬리(Paul Martinelli)는 지금 미국에서 잘나가는 대중 연설가 중 한 사람이다. 그가 나에게 보여준 책 역시 걸레짝이 되어 있었다.

그렇게 걸레가 되도록 책을 읽어야 했던 이유는 무엇일까?

잠재의식에 뼛속까지 각인시키기 위해서 반복하고
또 반복하고, 미치도록 반복한 것이다.

멘토들의 책 상태를 보고 신선한 충격을 받은 나는
그때부터 뼛속까지 각인시키고자 했던 책들을 너덜너
덜 걸레가 되도록 반복해서 읽었다. 이 되풀이하는 일
을 안이하게 생각하기 때문에 많은 사람이 기회를 놓
치는 것이다.

물론 처음부터 쉽지는 않다. 그러나 쉽지 않다고 그
만둔다면, 아직은 살 만한 것이다. 그만큼 내 마음이
간절하지 않다는 뜻이다. 반복하지 않고 아무 노력도
없이 무엇인가를 얻으려는 생각은 버려야 한다. 진심
으로 행복한 부자가 되고 싶다면, 절대 잔머리를 굴리
지 말아야 한다.

끝까지 해낸다는 각오가 잠재의식의 힘을 불러온다.
**당신이 얼마큼 집중하느냐, 얼마나 간절하냐에 따라
모든 것이 바뀐다.** 계속 반복하는 사이 잠재의식에 서
서히 스며들게 되고, 당신의 삶은 이제 더는 이전과 같
지 않을 것이다.

나 자신을 위해 기꺼이 '1,000번 ㅅㅂㄹㄱ'를 해볼 만하지 않은가? 이 책을 집은 당신이라면, 반드시 할 거라고 생각한다. 그리고 엄청난 성공 사례로 사람들 앞에서 말해주리라 믿는다.

목표와 함께 잠들고,

목표와 함께 일어나고,

목표와 함께 먹고 마시며,

목표와 함께 생각하다 보면,

그것은 자연스럽게 잠재의식에 스며들고,

어느 날 현실이 된다.

류현우 코치님께서 부산에서 맨 처음 열린 마스터 마인드 수업에 오셨을 때, 나의 첫 번째 책《어둠의 딸, 태양 앞에 서다》를 읽고 나누어주신 감동적인 후기를 공유하고자 한다. 지난 10년간 수많은 '그럼에도 불구하고' 한 길만을 걸어온 나에게 이 글이 큰 힘과 감동을 주었기에 감사한 마음으로 이곳에 담고자 한다.

조성희 대표님.

좋은 책을 써주셔서 너무나 감사하고 벅찬 마음이었습니다.

나폴레온 힐의 《Think and Grow Rich》이 개념을 잡아주는 교과서라면 《어둠의 딸, 태양 앞에 서다》는 기출 및 예상 문제를 다룬 듯한 실습판이었습니다.

말로만이 아니라 진심으로 감탄했고 감동했으며 존경합니다.

단지 운이 좋았던 바보 같은 나 자신도 되돌아보게 되더군요.

가장 와닿는 느낌은 대표님의 진정성이었습니다.

먼저 실천해 보여주시고, 이론만이 아닌 "실제로 내가 해봤어"라는 그 수많은 액션은 참으로 가슴에 깊이 새겨졌답니다.

본인이 잘난 듯 어깨 힘주고 이론만 주야장천 읊는 강사분들이 이 대한민국에 얼마나 많습니까?

마스터마인드 85기는 올해 가장 탁월한 선택이었

습니다.

수업교재와《어둠의 딸, 태양 앞에 서다》는 제 삶에 보물과도 같은 책입니다.

정말 몇 페이지에 어떤 문구가 있는지 잘근잘근 씹어 먹어버릴 정도로 열심히 해보겠습니다.

말이 쉽지 이런 시스템을 가지고 오시느라 얼마나 힘이 드셨나요?

받아먹기만 해서 송구스럽기까지 합니다.

모두가 잠든 비행기 안에서 이런 생각을 해봤습니다.

과거-현재-미래가 동시에 진행되고 있다면 스물두 살 조성희 님을 꼭 만나고 싶다고요,

만나면 꼭 말해주고 싶었어요.

"버텨줘서 고마웠다"고요.

그럼에도 불구하고
그냥 시작하라

한 남자가 교회에 가서 기도했다.

"하느님, 제겐 휴식이 필요합니다. 저는 복권에 당첨되고 싶습니다. 하느님만 믿겠습니다."

복권에서 당첨되지 못하자, 그 남자는 일주일 후 다시 교회에 가서 기도했다.

"하느님, 저는 아내에게 친절히 잘 대했습니다. 술도 끊었습니다. 정말로 저는 착실합니다. 저를 좀 쉽게 해주세요. 복권에 당첨되게 해주세요."

일주일 후 여전히 당첨이 되지 않자, 그는 다시 한 번 기도하러 갔다.

"긍정적인 혼잣말을 활용하고 긍정적인 단어들을 말하고 돈을 마음속으로 생생하게 그려보기를 하고 있습니다. 하느님, 제가 그런 것들을 하지 않아도 되도록 좀 쉽게 해주세요. 복권에 당첨되게 해주세요."

그러자 갑자기 하늘이 열리며 휘황찬란한 빛과 천상의 음악이 교회 안에 흘러넘치더니 낮고 굵은 음성이 들려왔다.

"내 아들아, 나를 좀 쉽게 해다오! 제발 복권을 사고 말하거라."

한때 유행했던 우스갯소리지만, 상당히 많은 사람이 이 이야기의 남자와 같다. 가만히 앉아서 바라기만 하고 상상만 한다면 어떤 일도 일어나지 않는다. 그에 뒷받침되는 행동이 있어야 한다. 《시크릿》을 읽은 수백만 명의 사람들은 최소한 끌어당김의 법칙에는 익숙해졌다고 볼 수 있다. 하지만 너무도 많은 사람이 놓치고 파악하지 못하는 사실이 있다. 행동을 하지 않는다면 끌어당김의 법칙은 효과적으로 작동하지 않는다는 것이다. 지금 당장 엉덩이를 털고 일어나 할 수 있는 무언가를 하지 않는다면, 내 삶에 많은 일이 일어나리라고 기대하지 않는 게 좋다.

사과를 얻고 싶다면 우선 가위와 바구니부터 내가 챙겨야 한다.

미국의 대표적인 카운슬러이자 〈뉴욕타임스〉 베스트셀러 목록에 저서 일곱 권이 동시에 오르기도 했던 놀라운 작가이자 연설가인 잭 캔필드(Jack Canfield)는 여러 해 동안 기업 강연과 세미나에서 사람들을 가르치고 코치했다. 그 과정에서 승자와 패자를 가르는 유일한 기준이 '행동'이라는 점을 발견했다고 한다. 즉, '승자들은 행동한다'는 것이다.

일단 계획을 세우면 그들은 바로 시작한다. 완전하게는 아닐지라도 그들은 실수에서 교훈을 얻고, 필요한 수정을 하고, 계속해서 행동한다.

내가 원하는 것을 생생하게 상상하고 느끼는 것이 얼마나 중요한지에 대해 앞서 말한 바 있다. 마음속으로 생생하게 상상하는 것은 당신의 목표를 성취하기 위해서 필요한 사람들, 수단들, 그리고 기회들을 당신에게 자석처럼 끌어당긴다. 하지만 그것만으로는 충분치 않다. 거기에 따른 행동이 반드시 뒷받침되어야 한다.

내가 목표에 다가가게 해주는 행동들을 시작해야 한다. **내일은 없다! 지금 당장 내가 할 수 있는 것이 무엇인지를 적고, 바로 들이대고 저질러야 한다.** 그래야 피드백을 얻고 다음번에 더 업그레이드해서 잘할 수 있다. 그러면 그다음 단계를 볼 수 있다. 행동 없는 상상은 망상이다.

행동이 중요하다는 사실을 알면서도 실제로 행동하지 못하는 이유는 무엇일까? 두려움 때문이다. 두려움은 늘 단짝 둘과 함께 다닌다. 바로 의심과 우유부단함이다. **두려움과 의심이 있기 때문에 결정하지 못하고 한 걸음 더 나아가지 못한다.**

부자와 가난한 사람의 단순한 차이는 부자는 두려움

에도 불구하고 일단 행동을 시작하는 반면, 가난한 사람들은 두려움 때문에 행동하지 못한다는 것이다.

두려움은 기존의 안전지대를 나서려고 할 때 누구나 느끼는 자연스러운 마음의 상태다. 누구든 두려움을 느끼지 않고 나아갈 순 없다. **그렇기에 중요한 것은 그냥 시작하는 것이다.**

많은 사람이 생각을 하지만, 생각만으로 내가 상상한 집이나 차가 마술처럼 '짠' 하고 나타나진 않는다. 아무리 좋은 10억짜리 아이디어가 있어도 그것이 행동으로 연결되지 않으면 어떤 결과도 나오지 않는다.

세상은 내가 생각만 하는 것에 대해서 보상을 해주지 않는다. 생각과 함께 행동하는 것에 대해서만 보상을 해줄 뿐이다. 이처럼 단순하고 의심의 여지가 없는 사실인데도, 너무나 많은 사람이 정작 행동을 취해야 할 바로 그 순간까지 분석하고, 계획을 세우느라 꼼짝도 하지 못한다.

행동을 취함으로써 당신은 어떻게 하면 더 낫고, 더 효율적이고, 더 빠르게 목표를 달성할 수 있을지에 대해서 피드백을 얻을 수 있다. 이전에는 모호하게만 보이던 것들이 앞으로 어떻게 해야 할지 더 선명해진다. 당신을 후원해주고 격려해줄 사람들도 주변에 모여든다. 일단 당신이 행동하기 시작하면, 모든 좋은 것들이 당신에게로 쇄도할 것이다.

당신이 정말 하고자 하는 명확한 목표를 설정했다면, 바로 지금 저질러야 할 때다. 아주 간단하다. 그 목표를 위해서 내가 지금 당장 조금씩이라도 할 수 있는 세 가지를 생각해보고 종이에 쓰는 것이다. 이것을 어떻게 성취할까 고민하길 멈추고, 아주 작은 것이라도 지금 당장 할 수 있는 것부터 쓰라.

그 행동으로부터 모든 흐름이 바뀌기 시작할 것이다.

인생의 새로운 단계로 도약하려면 편안한 안전지대를 뚫고 나와 불편한 일들까지 기꺼이 할 수 있어야 한다.

충분한 확신을 가지고 믿음에 맞춰 행동한다면,
당신은 뭐든지 될 수 있다.
왜냐하면 뭐든지 마음에 품고 믿기만 하면
이루어질 수 있기 때문이다.

– 나폴레온 힐

You can be anything you want to be,
if only you believe with sufficient conviction and act
in accordance with your faith;
for whatever the mind can conceive and believe,
it can achieve.

– Napoleon Hill

Let's DO!

내가 목표로 하는 액수를 달성하기 위해서
지금 당장 시작할 세 가지 행동은 무엇인가?

1. _____

2. _____

3. _____

매일 조금씩 찍은 점이
결국 걸작이 된다

베스트셀러《시크릿》에 나오는 스승들 중에서 밥 프록터는 나이가 가장 많고 말도 가장 많이 하는 주인공이다. 단연 눈에 띄는 캐릭터라 모르는 사람이 거의 없을 것이다. 우리나라에는《시크릿》을 통해 비로소 알려졌지만, 이미 세계적으로 유명한 인물이었다.

1970년대에 밥 프록터가 매우 유명해진 계기 중 하나는 푸르덴셜에서 진행한 '미션 인 커미션(Mission in Commission)'이라는 세일즈 트레이닝이었다. 그래서 그의 책이나 그가 하는 말에 푸르덴셜 이야기가 많이 나온다.

푸르덴셜 첫 세일즈 워크숍에서 듣도 보도 못한 남자가 나와 자신 있게 말했다.

"여기 있는 모든 사람은 올해 50억 원어치의 보험을 팔 수 있습니다!"

그러자 세미나실이 술렁였고 사람들은 그가 미쳤다고 생각했다. 왜냐하면 그때가 7월이어서 연말까지 5개월밖에 남지 않았기 때문이다. 더욱이 푸르덴셜 100년 역사상 1년 안에 50억 원어치의 보험을 판 사람은 한 명도 없었다. 그런데 밥 프록터라는 사람이 어디선가 나타나서 여기 있는 모든 세일즈맨이 그것을 할 수 있다고 하니, 제정신이 아니라고 생각할 수밖에 없었다.

그런데 다음 해 1월이 됐을 때, 밥 프록터가 미쳤다고 말하는 사람은 아무도 없었다. 워크숍 후 거기 참가했던 몇 명의 세일즈맨이 50억 원 이상의 보험을 팔았기 때문이다. 이를 계기로 미국 내 수많은 푸르덴셜 지점에서 밥 프록터의 세일즈 워크숍이 진행됐고, 그 교육으로 인한 순이익이 몇백억대로 증가하며 밥 프록터는 유명세를 타게 됐다.

푸르덴셜의 미국 남서부 지역을 총괄했던 영업 담당 부사장 폴 허시(Paul Hirsch)에 따르면, 푸르덴셜 세일즈맨들의 마인드에 큰 변화가 나타난 이후에도 지속적으로 성장하여 30년 동안 수익이 몇천억 원대까지 증가한 것으로 추산된다고 한다.

푸르덴셜 부회장이 밥 프록터에게 영업사원 몇 명의 이름이 적힌 종이를 내밀었다. 그들 한 사람 한 사람이 벌어들이는 돈이 그 회사의 몇몇 지점에서 일하는 30~40명의 수당을 모두 합한 것보다 더 많다고 설명했다.

그렇다면 그 영업사원들은 동료들보다 30배에서 40배 더 유능할까? 물론 아니다. **그들은 단지 남들보다 매일 3~4% 정도 실적을 더 올릴 뿐이었다. 그러나 매년 그들이 벌어들이는 액수를 종합하면 상상을 초월한 금액이 된다.**

도대체 무엇이 그런 엄청난 차이를 만드는 것일까?

아마도 대부분의 사람이 아무런 계획 없이 일하는 것에 비해 그들은 착실히 계획을 세웠을 것이다. 다른 사람들이 시간을 쓸데없는 일로 낭비하는 동안 그들은 단 한 시간도 소홀히 하지 않았을 것이다.

그런 매일의 3~4%가 모여 '점'이 되고, 그 '점'들이 모여 '선'이 되고, '선'들이 모여 큰 '면'을 만들어낸 것이다. 대부분의 사람은 어떤 사람이 이루어낸 '면'을 보면서 '저 사람은 운도 참 좋지!' 하며 부러워하지만, 사실은 그 사람이 매일 조금씩 찍은 '점'들이 모여서 걸작이 만들어진 것이다. 어떤 일도 갑자기 되지는 않는다.

승자와 패자는 간발의 차이라는 말이 있다. **승자와 패자의 다른 점이 매우 큰 것처럼 보이지만, 사실 매일의 작은 차이에서 온다는 뜻이다.**

즉 매일매일 시간을 어떻게 보내느냐, 매일 내 목표를 향해 결정한 행동을 조금 더 하느냐 안 하느냐, 매일 조금이라도 내가 원하는 것을 생각하느냐 안 하느냐, 매일 마인드 세팅을 하느냐 안 하느냐가 둘을 가른다.

매일 겉으로 볼 때는 별 차이 없어 보이지만 그것이 모이고 모여 시간이 지날수록 엄청난 차이를 만들어 낸다.

99℃와 100℃ 간 마지막 1℃의 차이!

조금 불을 붙이다 마는 것과 한 톨 남지 않도록 모두 태우며 하루를 보내는 것의 차이!

그런 노력은 자신이 사랑하는 일을 할 때 가능하다.

사랑하는 일을 할 때는 나의 온 마음을 기꺼이 100% 쏟아부을 수 있다.

사랑하면 희생도 희생이라고 보지 않고 기꺼이 대가를 치러낸다.

이 세상에 공짜는 없다. 신이 감동하여 돕는 사람은 그만큼 온 마음을 다해 행동하는 사람이다. '먼저 주어야 받는다'는 말은 진리 중의 진리다. 즉, 먼저 큰 에너지를 발산해야 그에 맞는 흡수가 이루어진다.

어떤 어려움에도 아랑곳하지 않고 꿋꿋하게 자신의 길을 걸어가서 결국 위대한 성취를 한 사람들은 자기 일을 미치도록 사랑했다는 공통점이 있다. 그들은 뜨

뜻미지근하게 사랑한 것이 아니라 땀이 피로 변할 듯 미치도록 자기 일을 사랑했다.

《김연아의 7분 드라마》중 내 마음을 뜨겁게 했던 글을 소개한다.

훈련을 하다 보면 늘 한계가 온다. 근육이 터져 버릴 것 같은 순간, 숨이 턱까지 차오르는 순간, 주저앉아 버리고 싶은 순간… 이런 순간이 오면 가슴 속에서 뭔가가 말을 걸어온다.

'이 정도면 됐어' '다음에 하자' '충분해' 하는 속삭임이 들린다.

이런 유혹에 문득 포기해 버리고 싶을 때도 있었다.

하지만 이때 포기하면 안 한 것과 다를 바 없다.

99도까지 열심히 온도를 올려놓아도 마지막 1도를 넘기지 못하면 영원히 물은 끓지 않는다고 한다.

물을 끓이는 건 마지막 1도, 포기하고 싶은 바로

그 1분을 참아내는 것이다.

이 순간을 넘어야 그 다음 문이 열린다. 그래야 내

가 원하는 세상으로 갈 수 있다.

- 김연아, 《김연아의 7분 드라마》 중

근육이 터져버릴 것 같은 순간, 숨이 턱까지 차오르는 순간, 주저앉고 싶은 순간에도 한 걸음 더 나아가 끝까지 해내는 그 추가의 노력! 먹고 싶은 것을 모조리 먹고, 조금 더 자고, 친구들과 놀고 싶은 마음을 꿈을 위해 기꺼이 접고 자신과의 싸움에서 승리하는 매일을 사는 김연아의 짧은 글에서 그녀가 자신의 일을 얼마나 미치도록 사랑하는지를 알 수 있다. 자신의 혼을 바쳐 살아온 하루하루가 모여 지금의 위대한 김연아를 있게 한 것이다.

99%면 망친 것이고, 100%라야 달성한 것이다.

인생에서 승리는 결과에 100% 헌신하는 사람들, 즉 '무슨 일이 있어도 기필코'라는 태도를 가지고 될 때까지 행동하는 사람들에게 돌아간다. 그들은 원하는 결과를 얻기 위해서 자신들이 가지고 있는 모든 것을 투자한다.

성공한 사람들은 꿈을 이루기 위해 자신이 매일 기꺼이 해야 하는 행동들에 대해서는 '예외 없는 규칙'을 고수한다. 일단 그 행동에 100% 헌신하기로 하면 예외란 전혀 없다. '오늘은 여기까지만 하자. 하루 정도는 괜찮겠지'라며 자신과 타협하지 않는다. 이미 내가 결정했다면 그것으로 끝인 것이다.

그들이 정한 행동이 한 시간 동안 책을 읽는 것이든, 매일 세 통의 세일즈 전화를 거는 것이든, 중국어를 배우는 것이든, 윗몸일으키기를 100번 하는 것이든, 10킬로미터를 달리는 것이든, 무슨 일이든지 간에 그들은 꿈으로 가는 행동에 예외 없이 100% 헌신했다. **그 꾸준하고 예외 없는 반복을 통해 그냥 잘하는 것에서 그치지 않고 자신을 최고로 끌어올린 것이다.**

불광불급(不狂不及)이라는 말처럼 미치지 않으면 다다르지 못한다. 미치도록 사랑한다면 기꺼이 100% 헌

신할 것이고, 사랑하는 꿈을 만날 때까지 기꺼이 나아
갈 것이다.

그러므로 무언가에 미쳤다는 것은 좋은 일이다. 미
쳐본 사람은 안다. 그 안에 깊숙이 빠져 있을 때, 잠도
제대로 못 자고 밥도 제대로 챙겨 먹지 못하고 그 일에
만 열중할 때, 몸은 천근만근 무겁고 피곤해도 정신은
어느 때보다 맑으며 마음은 세상 모든 것을 가진 듯 넉
넉하기에 짜릿하고 행복하다.

당신은 무언가에 온 마음과 혼을 다해 올인해본 적
이 있는가?

피땀을 흘리는 듯한 노력을 해본 적이 있는가?

피가 끓어오르듯이 갈망해본 적이 있는가?

무엇인가를 이루고자 한다면 그것을 사랑해야 한다.

사랑하지 않는다면 가장 힘든 순간에 1%를 끌어올
리려는 힘이 생기지 않고, 그렇기에 절대로 끝까지 해
낼 수 없다.

경제적으로 성공을 거두지 못한 사람들은 자기가 감
당할 만한 일과 모험하고 희생하려는 정도에 한계를

그어둔다. 뭐든지 하겠다고 생각은 하지만, 더 깊이 들어가 보면 성공을 위해서 이 정도 일은 하되 그 이상의 일은 할 수 없다는 조건들을 정해놓고 있다.

잠시 생각해보자. 가만히 앉아 자신에게 묻고 솔직하게 답해보자.

나는 단 하나의 내 삶을 뜨겁게 사랑하는가?
나 자신을 위해서 뜨겁게 사랑하는 삶을 살고 싶은가?
내가 목표로 하는 금액을 위해 기꺼이 추가의 노력을 하겠는가?

그 대답이 모두 '예스'라면 내가 사랑하는 꿈을 찾고, 꿈을 향해 기꺼이 도전하라!

그 과정에서 진정 충만하게 어메이징한 삶이 무엇인지를 절절히 깨닫게 될 것이다.

나에게 외치자!

_____ (나의 이름)

내가 행복한 부자가 되기 위해
기꺼이 선택한 추가의 노력!

1. _____

2. _____

이제 나에게 '적당히'란 없다.

부자가 되고자 생각했다면 부자가 되기 위해 기꺼이 할 일을 한다.

전적으로 전념해서 예외 없는 규칙을 지킨다.

이제 더는 망설이거나 도망갈 궁리를 하지 않는다.

부자가 된다는 목표를 위해

내가 가지고 있는 것을 100% 쏟아붓는다.

시간이 얼마가 걸리건 해야 할 일은 무엇이든지 한다.

왜? 나는 나를 사랑하니까!

돈이 편해질수록
더 많은 돈을 끌어당긴다

당신은 돈 얘기를 할 때 얼마나 편안한가?

마음속으로 방에 아는 사람들을 모아놓고 그들 앞에 앉아 내가 부자가 되겠다고 말하는 장면을 상상해보라. 내 목표 액수를 언제까지 벌어 부자가 되겠다고 말하는 나의 모습. 그런 말을 할 때의 기분은 어떨까? 대부분의 사람은 마음이 금세 불편해질 것이다. 그래서 "아니야, 그냥 농담이야" 하면서 얼버무릴지도 모른다.

그런데 부자들은 돈에 관한 말이 나올 때 전혀 거북

함을 느끼지 않는다. 왜 그럴까? 이미 돈이 충분해서 마음이 편안하기 때문일까? 그렇지 않다. **부자들의 마음이 편안한 건 돈이 많아서가 아니다. 오히려 돈에 대해 편안한 마음을 가지고 있기에 돈이 저절로 그들을 찾아드는 것이다.**

　예전에 머니시크릿 특강에 참가한 한 여성이 수업을 들으면서 해준 이야기가 있다. 몇 년 전 회사 상사에게 400만 원을 빌려줬는데 아직도 못 받았다는 것이다. 그래서 그 사람한테 갚으라고 얘기했냐고 물어보니, 인사 부서의 부장이기도 해서 그 말조차 꺼내기가 힘들다는 것이었다.

　왜 내 돈인데 돌려달라고 얘기하기가 힘들까? 남들 앞에서 돈 얘기를 하는 것은 속물처럼 보이거나 그리 보기 좋지 않다는 생각을 하고 있기 때문이다.

　만약 당신이 사랑하는 사람이 있다면, 그 사람 얘기는 시도 때도 없이 하지 않을까? 돈 얘기를 할 때 마음이 불편하다면, 돈을 진정으로 사랑하지 않는 것이다.

그렇다면 돈도 나를 사랑하지 않을 것이다. 에너지는 서로 소통하기 때문이다. 우리가 친한 친구와 자주 연락하고 소통하듯이, 돈과도 친해지려면 자주 만나고 만져보고 소통해야 한다.

어떻게 하면 돈과 친해지고 편해질 수 있을까? 가장 쉬운 방법 중 하나가 돈을 많이 가지고 다녀보는 것이다.

내 지갑에 2,000원 있을 때와 200만 원 있을 때 뭐가 달라질까?

나는 정말 궁핍하게 산 시절이 있다. 그 시절에는 2,000원 있을 때 더 궁핍해지고, 어떤 물건을 보든 '나는 가난해서 살 수 없어'라는 생각이 먼저 들었다. 돈을 쓸 때면 내 처지가 불쌍해서 한숨이 나왔다.

그런데 200만 원 있을 때는 어떨까? 풍요로운 마음이 절로 든다. 지갑을 열 때마다 돈들이 보이니 돈이 더 많이 있는 것처럼 느껴진다. 어떤 물건을 보면 '내가 원하면 언제든지 살 수 있지만, 지금 별로 원하지 않아서 안 사는 거야'라는 풍요로운 마음이 절로 생긴다.

그러면 얼마나 들고 다니는 게 풍요로운 마음을 안겨줄까?

어떤 책에서는 자기 나이대의 액수 정도를 지갑에 넣어두라고 한다. 20대라면 20만 원, 30대라면 30만 원, 60대라면 60만 원이 되는 식이다.

그런데 나는 머니시크릿에 참가하는 사람들에게 그 두 배 이상의 금액을 가지고 다녀보라 말한다. 너무 큰 액수라서 가슴이 벌렁거린다는 사람들도 있는데, 한번 실천해보라. 그 상태에 익숙해지는 것이 중요하다.

그냥 그 돈을 꺼내 세어보고, 그것과 편안해져라. 돈을 많이 가지고 있는 것처럼 느껴라. 더 많이 가지고 다닐수록 당신은 돈이 더욱 편안해질 것이고, 당신이 편안해질수록 더 많은 돈을 끌어당길 것이다.

이것은 내가 나를 바라보는 셀프 이미지와 연관이 있다.

'나는 이 정도는 지니고 다닐 만한 사람이야.'

'나는 이 정도는 가지고 다닐 만한 가치가 있는 행복한 부자야!'

이렇게 나를 바라보고 말하는 것이 너무나도 중요하다. 실제로 해보면 정말로 나 자신을 바라보는 자아상도 점점 풍요롭게 바뀌어간다.

아는 것에서 그치지 않고 실천을 해봐야 한다.

머니시크릿 특강을 할 때면 사람들에게 지갑에 얼마 있는지 돈을 꺼내보라고 하고, 옆 사람에게 돈 상태를 보여주라고 한다. 꼬깃꼬깃한 2,000원을 궁핍한 모습으로 꺼내는 사람도 있고, 지갑조차 없고 현금은 하나도 없이 카드 한 개만 가지고 다니는 사람들도 있다.

카드는 플라스틱이기 때문에 에너지가 소통되지 않는다. 돈을 실질적으로 오감으로 느껴봐야 한다. 몇 년 전 자수성가한 래퍼 도끼가 TV에 나온 것을 봤는데, 집 안이 5만 원짜리로 가득 차 있었다. 5만 원권에 온통 둘러싸여 있으니 도끼의 마음속에는 풍요의 마인드가 가득하지 않을까?

울산에 머니시크릿 특강을 하러 갔을 때 이 얘기를 한 적이 있다. 그러자 한 20대 남성이 지갑을 당장 장지갑으로 바꾸고, 빳빳한 새 지폐로 100만 원을 채워

넣었다. 그리고 내가 이야기한 법칙들을 그대로 실천했다.

약 3년 뒤 마인드파워 특강을 하러 울산에 다시 갔는데, 그가 직원들과 같이 교육을 들으러 와서 맨 앞자리에 앉아 있었다. 그는 그사이에 어엿한 회사의 대표가 되어 있었다. 3년 전 수업을 듣고 실천하면서 명확하게 상상했던 집을 실제로 구매했다며 스스로도 신기해하며 사례 발표를 해주었다.

아는 것이 중요한 것이 아니라, 하나라도 적용하는 것이 풍요로운 삶으로 가는 열쇠라는 사실을 잊지 말자.

당신의 연봉은 당신의 지갑이 결정한다는 말을 들어본 적 있는가?

《부자들은 왜 장지갑을 쓸까》라는 책이 있다. 노숙자 생활을 하기도 했고 우울증에 걸린 적도 있는 저자는 세무사 일을 시작하고 수많은 경영자와 교류하면서 잘나가는 경영자들은 모두 장지갑을 사용한다는 사실을 발견했다. 그리고 그들의 지갑 사용법에서 몇 가지 공통점도 발견했다. 이를 바탕으로 그는 지갑과 그 주인의 연봉 간 관계에서 재밌는 공식을 만들어냈다.

$$지갑의\ 구입\ 가격 \times 200 = 연봉$$

즉, 연봉이 높은 사람은 그만큼 비싼 지갑을 가지고 다니더라는 얘기다.

또 한 가지 공통점은 잘나가는 사업가들의 지갑이 루이비통이었다는 것이다. 처음에 이 글을 읽을 때는 혹시 루이비통에서 협찬을 받은 게 아닌지 의구심이 들기도 했지만, 뭐든 실행해보고 믿는 나는 루이비통 지갑을 나에게 선물하기로 마음먹었다.

첫 번째 책이 2015년에 나오고 중국의 대형 출판사와 계약까지 성공적으로 마친 후 나 자신에게 싱가포르 여행을 선물해주고 싶었다. 나의 여행 버킷 리스트에 있던 싱가포르 마리나베이샌즈 호텔을 예약했다. 이것이 바로 보상의 법칙이다. 나는 어떤 것을 이루면 내가 하고 싶었던 리스트 중 하나를 나에게 선물한다

(뒤에서 더 자세히 설명하겠다).

싱가포르에 도착하자 가장 큰 루이비통 매장으로 달려갔다. 그곳에서 마음에 드는 지갑을 발견하고 직원에게 말했다.

"정말 예쁘네요! 살게요!"

지갑을 사러 작정하고 간 것이었기에, 가격도 보지 않고 구매를 결정했다. 직원이 약간 놀란 듯이 웃으며 지갑에 이름을 새겨줄 수도 있다고 했다. 가격표도 안 보고 보자마자 결제하는 나를 보고, 직원들이 갑부인 줄 알고 뒤를 따라오며 배웅하는데 혼자 얼마나 웃었는지 모른다.

그 지갑으로 바꾼 후, 지갑을 열 때마다 풍요로운 마음이 세팅되고 기분이 좋아졌다. 너무나도 마음에 드는 지갑이었기 때문이다. 그 지갑에 들어가는 돈도 소중히 다루게 되었다. 소중한 지갑에 들어가는 돈의 머리를 맞추어 일렬로 정리했고, 지갑에 넣던 영수증들이나 잡다한 포인트 카드들을 다 빼고 지갑이 뚱뚱해지지 않게 관리했다. 나에게 특별하게 준 선물인 만큼,

게다가 매우 비싼 만큼 꺼낼 때마다 한 번 더 만지고 한 번 더 보게 되었다.

참 신기한 일은 그 지갑을 산 순간부터 돈이 많이 들어오기 시작했다는 것이다! 그것이 지갑의 가격 때문이었을까? 아니면 지갑을 대하는 내 태도의 변화 때문이었을까?

지갑을 바꾼 후로 나는 돈과의 관계가 더욱 좋아졌다. '이렇게 마음에 드는 지갑을 가지고 있으니, 그에 맞는 좋은 일이 생길 거야! 그에 맞는 돈들이 기뻐하며 달려올 거야!'라는 기대감도 가지게 되었다.

이것은 전적으로 나만의 '의미 부여'였다. 내가 그렇게 바라보게 되었으니, 그 의미를 부여한 순간 지갑의 가치는 원래 가격 이상으로 월등히 올라간 것이다.

생활이 빠듯했을 때는 지갑에 2만 원 이상은 못 넣고 다녔지만, 점차 현금의 액수를 늘려갔다. 예전에는 1,000원, 2,000원을 꼬깃꼬깃 주머니에, 가방 구석에, 심지어는 책 사이에 여기저기 넣어 다녔기에 돈들이 흩어져 있었다. 나도 모르게 돈을 함부로 대한 것이다.

내가 돈을 함부로 대하니, 에너지의 법칙상 돈이 나를 좋아할 리가 없지 않은가!

지갑이 꼭 명품이어야 하느냐고 물어보는 사람이 많은데, 마인드파워의 법칙상 나는 그것이 명품이 아니어도 된다고 생각한다. 중국에서는 빨간색이 행운과 풍요를 안겨주는 색깔이라고 믿고 빨간색에 열광한다. 그처럼 **내가 그 지갑에 어떤 의미를 부여하고, 어떻게 대하고, 무엇을 믿느냐가 가장 중요하다.**

그래서 '장지갑을 쓰면 돈이 많이 들어온다'라고 믿는 사람들은 점점 풍족해질 수 있다. 반면, '그게 무슨 상관이야'라고 생각하는 사람들은 아무것도 달라지지 않는다. 자기 지갑을 소중히 여기는 사람들은 그 지갑이 어떤 것이든 개의치 않고 긍정의 에너지를 보낸다.

자신의 지갑을 쓰다듬으며 이렇게 말해주자.

"너는 행복한 부자의 기운을 끌어당기는 특별한 지갑이야. 고마워."

*Let's
DO!*

당신의 지갑을 열어보자.
얼마가 있는가?
돈의 상태는 어떤가?
잘 펴져 있는가,
아니면 아무렇게나 욱여넣어 구겨져 있는가?
당신의 연령대는 어떻게 되는가?
오늘부터 얼마를 가지고 다닐 것인가?
이제부터 돈을 어떻게 다룰 것인가?

내 마음속 결심을 써보자.
쓴 대로 오늘부터 실천하자.
이제 당신은 돈과 친해지기 시작했다.

나이:
_____

앞으로 넣고 다닐 현금 액수:
_____

오늘부터 실천할 나만의 결심:
_____

_____

_____

돈은 부르면 온다

돈은 말할 수 없으나 들을 수 있다.

그리고 당신이 부르면, 그것은 올 것이다.

Money can't talk but it can hear,

and if you call it, it will come.

위 문장대로 돈은 당신이 부르면 온다. 다만, 잘 불러
야 한다. 마음속에 뒤죽박죽인 채로 흩어져 있는 돈에
대한 생각을 정돈하고, 이 책에 나오는 법칙대로 잘 불

러야 돈이 혼란스럽지 않고 나에게 잘 온다.

돈을 잘 부르려면 돈과 인사를 해야 한다. 가까운 사람끼리도 자주 인사하고 좋은 말을 해주어야 더욱 가까워지듯이, 돈도 마찬가지다. 돈과 아름다운 소통을 하면 더욱 가까워질 수 있다.

돈은 들어오거나 나가거나 둘 중 하나다.

돈이 들어올 때 당신의 마음은 어떤가? 당연히 기분이 좋을 것이다. 이를테면 월급날을 떠올려보라.

드디어 월급날, 얼마나 기다렸던가! 하지만 기쁨의 순간은 오래가지 못한다. 바로 그날부터 돈을 쓸 때마다 한숨이 절로 나오니 말이다.

'휴, 또 나갔어. 벌써 이렇게나 줄다니…. 저기엔 어떻게 돈을 내야 하나?'

예전에 나는 또래 친구들보다 훨씬 많이 벌었고, 보너스까지 받는데도 늘 한숨이었다. 어차피 부모님께 드렸고, 우리 집에 빚도 많고 달라질 것도 없으니 돈이 들어와도 빚 생각만 났다.

대부분의 사람은 돈이 들어오면 기뻐하고 나가면 슬

퍼한다.

당신도 혹시 그런 패턴을 보이는가?

만약 그렇다면 매우 위험하다. '가난의 마인드'가 잠재의식에 단단히 자리 잡아가고 있다는 신호이기 때문이다.

돈이 풍족해지는 규칙은 자연의 법칙과 같다.

보통의 사람은 돈을 얻기 위해 아등바등하지만, 먼저 주어야 받을 수 있다. 주지 않으면 받을 수 없다는 아주 심플한 법칙은 여기서도 마찬가지로 적용된다. 모든 흐름은 이 순서에 맞추어 돌아간다.

다른 사람에게 무엇을 해주거나 이타적인 목적을 위해 기부를 하는 등 내가 내보낸 돈이 누군가에게 도움이 되고 기쁨이 되어 잘 쓰인다면, 돈은 더 많은 친구를 데리고 나에게 돌아온다. 반대로, 움켜쥐려고만 하면 돈은 나에게 오지 않는다.

안타깝게도 많은 사람이 이 법칙을 모르는 듯하다. 몇천 원 덜 쓰려고 하고, 조금이라도 더 받아내려고 안간힘을 쓰는 사람들치고 풍요롭게 사는 사람들은 본

적이 없다. 돈은 쥐려고 할수록 더 쉽게 새어나간다는 사실을 잊지 말자.

이 법칙들에 따라 돈을 대하면, 내 수준에서는 생각지도 못했던 방법으로 돈의 흐름이 원활해질 것이다. 그 흐름을 위해 이제부터는 돈이 들어올 때와 나갈 때 기쁘게 인사하는 연습을 하자.

돈이 들어올 때는 기쁨과 감사의 표현을!
돈이 나갈 때도 기쁨과 감사의 표현을!
돈과 인사하는 연습을 하면 아주 좋다!

돈이 들어오면 활짝 웃으며 인사하자.

"안녕? 어서 와! 와줘서 고마워!"

지금 당장 해보자. 어떤 기분이 드는지 느껴보자!

그리고 돈을 쓸 때는 "잘 가"라고만 인사하면 거기서 끝이다. 돈을 쓸 때도 이 돈이 나가서 누군가에게 도움이 된다는 마음으로 충만하게 느끼며 이렇게 인사하자.

"잘 다녀와. 경험 많이 하고 친구 많이 데려와!"

"잘 갔다 와. 많은 경험하고 돌아와. 너를 사랑한다."

행복한 마음으로 축복하며 보내주는 것이다.

돈은 우리에게 풍족함과 기쁨을 가져다준다. 그러니 어떤 돈이든 전부 좋은 감정을 실어보자. 매 순간 기쁨과 감사의 표현을 해보자. 물론 사람들 앞에서 돈에게 큰 소리로 인사하면 병원으로 끌려갈 수도 있으니, 공개된 장소에서는 마음속으로 인사하자. 무엇보다 중요한 것은 돈과 나의 소통이다!

머니시크릿 특강 참가자들에게 드리는 금수표가 있다. 일명 '금전운 왕창 상승 금수표'다. 그 금수표를 드리면, 다들 너무나 고마워하고 행복해하며 받는다. 그리고 정말 귀하게 대한다.

수업을 듣고 간 그 주에 목표를 달성하기도 하고, 안 팔리던 땅이 팔리기도 하고, 정확하게 원했던 집으로 이사를 하게 되기도 한다. 그것이 입소문이 나 심지어 금수표를 받으러 특강에 오는 사람들도 있다!

'이 행운의 금수표를 가지고 다니면 금전운이 상승할 거야'라고 믿는 사람들은 그렇게 될 것이다. 모든 것은 자신이 그것을 어떻게 바라보고 믿느냐에 달렸다.

기억하라. 당신이 믿고 있는 것이 현실이 된다는 사실을!

이제부터 금전운이 왕창 상승하는 인사를 해보자! 처음에는 어색할지 모르겠지만, 익숙해지면 정말 돈과 절친이 된다. 돈과 절친이 되면 어떤 일이 생길까? 법칙상 돈도 기뻐하며 나에게 달려온다!

*Let's
DO!*

지갑을 열어보자.
그리고 현금을 오감으로 느끼며 인사하자.
"안녕? 어서 와!"
"잘 다녀와! 친구들 많이 데려와!"
기분을 충만히 느껴보자.

'얻는 것'에서
'주는 것'으로 전환하라

자연을 보면 이 세상은 법칙에 따라 흐르고 있다는 것을 깨닫게 된다. 부를 위한 법칙 역시 세상의 공식처럼 따라만 하면 확실한 결과가 나타난다.

성경에서는 부의 기본 원리를 씨를 뿌리고 수확하는 것으로 비유했다. 철학자 에머슨은 이를 '보상의 원리'라고 표현했다.

"당신이 하는 모든 노력에 보상이 있을 것이다. 보상이 늦으면 늦을수록, 당신에게는 더 크게 이루어질 것이다. 복리에 복리를 더하는 것이 신이 베푸는 관례이고 법칙이기 때문이다."

받기 위해서는 먼저 주어야 하고 주는 것이 있으면 반드시 보상이 있다는 사실, 이것이 바로 부를 이루는 기본 원리다. 에머슨은 이것이 '법칙 중의 법칙'이라고 강조했다.

이 세상에 공짜는 없고 나에게 거저 오는 것은 없다. 모든 것은 대가를 치러야 진정한 내 것이 된다. 아무것도 하려고 하지 않으면서, 아무것도 주지 않으면서 거저 얻으려고 하는 사람들은 아무것도 얻을 수 없다.

밥 프록터의 워크숍 중, 푸르덴셜의 역사를 바꿨던 미션인커미션(Mission in Commission) 세일즈 워크숍에서도 기본적으로 강조하는 것은 먼저 주어야 받는다는 것이다.

대다수가 생각하는 세일즈의 고정관념, 세일즈의 모든 개념은 '얻는 것'에 중점이 맞추어져 있다는 것이다.

• 고객들을 얻는다.

- 세일즈를 성사시킨다(얻는다).
- 커미션을 얻는다.

이 과정을 들으러 다양한 분야의 세일즈 업계 사람들과 사업가들이 마인드스쿨을 찾아왔다. 잠재의식에 자리 잡은 세일즈에 대한 고정관념을 '얻는 것'에서 '주는 것'으로 바꾸는 작업을 하면서, 먼저 관점이 바뀌고 고객에게 가능한 한 최고의 서비스를 제공하고자 하는 '주는 흐름'으로 바뀐다. 그러면서 실적이 놀랍게 치솟는다.

높은 커미션을 받는 사람들은 운이 좋은 것이 아니다. 그들은 '돈'이 결과라는 것을 이해하고, 그 원인은 '서비스'라는 것을 이해한다. 모든 것은 법칙에 따라 작용한다.

받기 전에 먼저 주어야 하며, 수확하기 전에 먼저 씨를 뿌려야 한다. 내어주지도 않고 씨를 뿌리지도 않으면, 부를 향한 통로에 들어설 수 없다.

많은 사람이 이 인생의 기본 법칙을 모르기 때문에

더 얻지 못하는 것이다. 얻기 위해서는 주어야 함을, 주면 받는다는 사실을 깨달아야 한다.

캐서린 폰더(Catherine Ponder)는 《부의 법칙》에서 이를 '발산과 흡수의 법칙'이라고 했다. 자기 생각과 감정, 상상을 외부 세계로 발산하면 그 결과를 고스란히 실제 삶과 일 속으로 끌어들이게 된다는 뜻이다. 원인이 있기에 결과가 있고, 주는 것이 있기에 받을 수 있다. 즉, 아무 노력도 하지 않고 거저 얻을 수는 없다.

그녀는 빈민 구역 사람들과 접촉하면서 이 법칙의 효력을 다시 한 번 절감했다고 한다. 그곳의 사람들은 대부분 '동정'받을 생각에만 골몰해 있었다. 먼저 내어주고 씨를 뿌리는 일, 즉 부의 기본 법칙에는 아무런 관심도 없었다. 한마디로, 거저 얻으려고만 하기 때문에 계속 가난하게 살 수밖에 없다는 얘기다.

발산한다는 것이 꼭 눈에 보이는 돈이나 물건일 필요는 없다. 보이지 않는 사소한 칭찬 한마디, 친절한 행동 하나에도 발산과 흡수의 법칙은 적용된다.

나는 주는 기쁨의 비밀을 모든 사람에게 알려주고

싶었다. 특히 마인드스쿨에 오는 사람들이 이 발산과 흡수의 법칙을 진심으로 적용하고 느껴보기를 바랐다. 그래서 발산과 흡수의 법칙을 쉬운 방법으로 연습해보라고 추천한다.

좌절과 실패가 아닌 진정으로 원하는 목표를 향해 생각을 발산하면, 그에 걸맞은 현실을 흡수하게 되어 있다. 내 생각이 먼저다. 내가 얼마나 강하게 결심하느냐가 곧 강한 발산이고, 그에 맞는 흡수가 이뤄진다.

매일 다른 사람들에게 행복한 발산을 실천해보자. 방법은 간단하다. 10원짜리 동전 다섯 개를 오른쪽 주머니에 넣는다. 하루에 행복한 발산을 할 때마다 동전 한 개를 왼쪽 주머니로 옮긴다.

행복한 발산은 거창한 게 아니다. 다른 사람에게 해주는 칭찬 한마디일 수도 있고, 길에서 만난 어려운 사람을 돕는 것일 수도 있다. 무형이든 유형이든, 타인에게 행복한 발산을 하라. 그때마다 동전을 오른쪽에서 왼쪽 주머니로 옮기면 된다.

하루가 끝날 때쯤 오른쪽 주머니에 동전이 하나 남

았다고 하자. 그러면 잠자기 전에 부모님이나 친구에게 '사랑한다'라고 메시지를 보내 하루에 행복 발산 다섯 가지를 완료하자. 꾸준히 하다 보면 당신의 삶은 놀랍게도 행복한 '흡수'로 가득 채워질 것이다.

주어야 받는다. 법칙 중의 법칙이다.

10원짜리 동전을 활용하라고 하는 이유는 단순히 가볍기 때문이다. 우리는 하루에도 오만 가지 생각을 하기 때문에 처음에는 의식하지 않으면 행복한 발산을 해야 한다는 사실을 자꾸 잊어버리게 된다. 주머니에 동전이 만져지면 행복한 발산을 해야 한다는 사실을 떠올릴 수 있을 것이다.

다른 사람들에게 '행운을 준다'는 마음으로 행복을 발산하면 자신도 얼마나 행복하겠는가. 다른 사람도 기쁘게 하지만, 사실 행복한 발산을 하는 내가 가장 행복한 일이다.

발산과 흡수의 법칙이 정말 효력이 있는지, 직접 실천해보자!

받기 위해서는 먼저 주어야 하고 주는 것이 있으면 반드시 보상이 있다는 사실, 이것이 바로 부를 이루는 기본 원리다.

당신도 행복한 발산, 주는 기쁨을 느껴보자!
오늘부터 하루에 다섯 가지 행복한 발산을 해보자.
오늘은 어떤 행복한 발산을 했는지,
그 느낌은 어땠는지 기록해보자.
기억하자. 주어야 받는다!

1. _____

2. _____

3. _____

4. _____

5. _____

비우지 않으면
채울 수 없다

TV 프로그램에서 집 안이 쓰레기 더미로 가득 차 발디딜 틈도 없는 집이 방영된 적이 있다. 비닐봉지가 천장까지 쌓여 있어서 옷을 꺼내려 옷장까지 가기도 힘들거니와, 옷이 너무 많아서 하나를 꺼내려면 쓰레기 더미를 오랜 시간 뒤져야 했다. 집 안 곳곳이 말 그대로 쓰레기로 가득 차 정말 충격적이었다. 집주인은 모든 짐을 싸안고 버리지 못하는 사람이었고, 세상 우울한 표정으로 인터뷰 하던 표정이 아직도 잊혀지지 않는다.

공간은 그 사람의 머릿속이나 마음속을 나타낸다고 한다. 사람의 마음속에 있는 것은 공간을 통해 그대로 표출될 수밖에 없다. 강 중간에 쓰레기 더미가 쌓이면 물길이 막혀 제대로 흐를 수가 없다. 가득 찬 물 컵에 물을 더 부으면 물은 당연히 넘친다.

인생을 새로운 것으로 채우기를 진정으로 원한다면, 그것이 들어올 공간을 만들어놓아야 한다. 다시 말해, 무엇인가 새로운 것을 받아들이려면 낡은 것을 완전히 몰아내야 한다.

자연은 진공상태를 싫어하기 때문에 빈 공간을 내가 원하는 상태로 채워주지 않으면, 다른 원하지 않는 것으로 채워질 수도 있다. 내가 가진 오래된 습관을 제거했을 때 의식적으로 좋은 습관을 새로이 채워주지 않으면 더 나쁜 습관이 그 공간을 대신 채울 수 있다. 예를 들어 내가 담배를 끊었다면 그 대신 건강식을 대체하는 등의 좋은 습관으로 의식적으로 대체해야 한다. 그러지 않으면 군것질을 하는 습관 등으로 대체되어

비만을 초래할 수 있다.

먼저 비워야 채워진다는 아주 단순한 원칙을 내 삶에서 깨달은 이후부터 모든 것이 훨씬 가벼워졌다. 인생이 더 심플해졌고, 훨씬 더 큰 에너지로 활동적으로 생활할 수 있게 되었으며, 앞으로 나아가는 속도도 빨라졌다.

마인드파워 수업에서는 청소의 중요성을 많이 강조한다. 특히 돈과 가장 관련이 큰 장소는 화장실이다. 예전에 어떤 책에서 읽은 내용 중 가장 기억에 남은 부분은 집에서 금전운이 지나는 통로가 화장실이라는 것이었다. 화장실을 청결하게 관리하는 사람들과 지저분해도 내버려 두는 사람들의 연간 수입을 비교했더니, 청결한 화장실을 쓰는 사람들의 연간 수입은 그렇지 못한 사람들과 비교해서 1,000만 원 이상이 더 많았다고 한다. 화장실의 청결이 정말로 돈과 관계가 있다는 얘기다!

오래전 그 내용을 접하고 '어! 정말 그럴까?'라는 생각이 들어 그날부터 화장실 청소를 해보았다. 사실 그

때까지는 화장실 청소를 별로 좋아하지 않았다. 그런데 금전운이 지나는 통로라고 하니, 화장실에 물때가 낀 것도 바로바로 청소하는 습관이 생겼고 화장실 청소 자체를 좋아하게 됐다. 이런 나 자신을 보며 '역시 사람은 관점에 따라서 싫어하던 것도 좋아지게 되는구나'를 제대로 느끼기도 했다.

정말 신기한 것은 실제로 금전운이 좋아졌다는 것이다! 내가 그렇게 생각하고 거기에 집중했기 때문에 생긴 일인지, 아니면 정말로 화장실에 금전운이 흐르고 있는지는 정확하게 말할 수 없으나 화장실을 깨끗이 관리하기 시작한 후 금전운이 좋아진 것은 확실하다.

밥 프록터는 비움의 법칙을 강조하면서 옷장 정리를 첫째로 꼽았다. 옷장을 열었을 때 옷이 가득한데 입을 옷이 없다면 과감하게 정리해야 한다는 것이다. 그래서 나도 적어도 1년에 한 번은 꼭 입지 않는 옷과 신발, 가방 등을 정리해서 '아름다운 가게' 같은 곳에 기부한다. 이를 습관화한 지 벌써 8년이 넘었다.

당신도 이렇게 해보라.

집에 있는 옷장을 열고 자세히 살펴본다. 입지 않는 옷이 있으면 모조리 꺼내놓는다. 옷장에는 분명히 새롭게 공간이 생길 것이다.

하지만 모든 것은 스스로 채우려는 본성이 있기에 그 옷장은 머지않아 새 옷으로 채워질 것이다. 그 옷들은 바로 당신이 입고 싶어 하는 옷이다.

이 법칙은 비단 옷에만 해당하는 것은 아니다. 삶에서 그것을 꾸준히 실천해나가야만 한다. 다시 말해, **당신이 원하는 것으로 인생을 채워야 한다. 행복한 삶을 꿈꾼다면 새로운 것들을 위해 낡은 것들을 반드시 비워야 한다.**

당신의 공간 에너지는 어떤가?

화장실은 어떤가?

그때그때 정리하고 청소하지 않으면 흐름이 막히게 된다. 막혔을 때는 뚫어주어야 순환이 이뤄진다. 인생에서 더 큰 만족을 원한다면 치워야 할 것을 치워 여백을 만들어야 한다.

지금부터 비움의 법칙을 실천해보자. 과거를 보내야 새로운 공간이 생기고 새로운 것으로 채워진다. 오래된 것, 필요 없는 것을 없애고 공백을 만들어라.

그 빈 공간을 새롭고 내가 원하는 설레는 것으로 채워라! 그러면 몸과 마음이 가벼워지는 것은 물론 당신이 원하는 것들이 자석처럼 끌려옴을 보게 될 것이다.

마음 비우기, 용서는 나를 위한 선물이다!

비움의 법칙 중의 하나가 용서다. 과거에 나에게 아픔과 상처를 준 사람들을 보내지 못하면 과거에 묶여서 내가 원하는 방향으로 나아갈 수 없다.

사람들은 대부분 '용서'를 불쾌하고 찜찜한 일로 여기고 꺼린다. 그러나 용서란 단순히 말을 뱉는 데서 그치는 게 아니라, 기존의 생각이나 감정을 지우고 그 자리에 더 나은 것을 부여하는 역할을 한다. 그러므로 용서란 빈 공간을 만들어 더 나은 것이 들어올 수 있도록 통로를 열어주는 일을 한다.

오프라 윈프리는 '용서는 자신에게 주는 가장 큰 선물'이라며 이렇게 말했다.

"용서란 상대방을 위해 면죄부를 주는 것도 아니고, 결코 상대방이 한 행동을 정당화하는 것도 아니며, 나 자신이 과거를 버리고 앞으로 나아가기 위해 하는 겁니다. 용서란 말은 그리스어로 '놓아버리다'라는 뜻을 가지고 있죠. 상대방에 대한 분노로 자신을 어찌하지 못하고 과거에만 머물러 앞으로 나아가지 못하는 건 자신을 위하는 것이 아니죠. 여러분, 놓아버리세요. 그리고 용서하세요. 나 자신을 위해…."

누구나 숨겨진 아픔과 슬픔을 가지고 있다. 어떤 사연 또는 어떤 사람으로 인해 고통과 상처를 받아본 적이 있을 것이다.

9년 전 나는 가장 믿었던 사람들에게 두 번 연속 큰 배신을 당하고 내게 남겨진 채무를 약 2년간 갚아야 했다. 너무 큰 충격이었기에 아픔을 준 그 사람들을 곱씹으며 마음 저 끝에서 분노의 감정에 가득 차 어떤 것에도 집중하지 못했다. 그 사람을 용서해야 한다는 생각조차도 나를 화나게 했다.

'내 가슴을 갈기갈기 찢어놓고 내 눈에서 피눈물 나게 한 사람을 내가 왜 용서해야 해? 왜!'

그 사람들을 생각할 때마다 분노와 슬픔이라는 무거운 짐에 매달려서 앞으로 한 발짝도 내디딜 수 없었다. 하지만 용서하지 못할수록 그 미움과 상처는 더더욱 커졌고, 그 감정에 더욱 집착하게 됐다. 그럴수록 내 몸과 마음은 더욱 피폐해져 갔다.

부처는 분노를 극도로 화가 난 사람이 상대에게 던지려고 불 속에서 끄집어낸 석탄 덩어리에 비유했다. 석탄 덩어리를 집어 들면 먼저 손을 데는 건 바로 자기 자신이다.

용서하지 않으면 부정적인 감정들이 꿈을 방해해서 어디로도 나아가지 못한다. 증오심과 분노, 고통처럼 독성을 가진 감정들이 내 안에 쌓이면 그 독은 내 삶의 다른 부분들에도 천천히 스며든다. 생기를 빼앗아 가고, 마음의 문을 닫게 하고, 풍요로운 삶이 내 경험

속으로 들어오지 못하게 한다. 나에게 상처를 준 가해자는 괴로워하지 않는다. 방해를 받는 것은 내 삶이고, 내 꿈이다. 그러니 당신 내부의 꿈을 해방하기 위해 매일 용서를 실천하라!

바로 나 자신을 위해 매일 용서를 실천하는 것이다. **용서는 우리에게 자유를 준다. 마음을 피폐하게 하는 고통, 공포, 분노, 증오 등의 감정에서 자유로워진다.** 내가 평생 원한을 품고 다닌다면 엄청나게 무거운 짐을 지고 사는 셈이다. 누구도 그 무거운 짐을 짊어지고 자유롭게 앞으로 나아갈 수 없다. 내가 받은 상처에만 계속 집중한다면 그 상처는 갈수록 커지고, 상처에 집중하느라 사랑하는 사람들과 나의 일을 애정을 가지고 돌아볼 여유도 없어진다.

물론 용서가 결코 쉬운 일은 아니다. 남을 용서하기는 정말 어렵다. 하지만 그것을 실천하면 할수록 인생에 기적이 일어난다. 용서는 저주보다 사랑을 선택하겠다는 진실한 마음에서 시작되기 때문이다. 우리가 진정으로 기꺼이 용서한다면, 우리 마음은 깨끗이 비워지고 그 자리에 사랑이 채워져 치유될 것이다.

만약 나에게 상처를 주는 사람이 있으면, 그 사람을 위해 기도하고 축복해주자. 그것은 결과적으로 나 자신을 축복하는 일이다. 나는 나에게 큰 아픔과 고통을 주었던 그 사람들을 생각보다 빨리 보낼 수 있었다. 그들을 용서했을 때 진정 마음속에서 해방감과 자유를 느꼈다. 그들을 떠올렸을 때 더는 어떤 감정도 올라오지 않았고, 오히려 절절한 고마움이 느껴졌다. 그 경험 덕에 나는 더욱 성장할 수 있었고 나에게 독이 되었던 사람들과 자연스럽게 단절될 수 있었기 때문에 지금 생각하면 너무나 다행스럽고 감사한 일이다.

어떤 직업에 종사하든지 간에 타인에 대해 분노와 부정적인 감정을 품는다면, 어떻게 해도 부에 도달할 수 없다. 수많은 사람이 평생 부를 얻지 못하고 인생을 마치는 이유가 여기에 있다.

상대방에 대한 적개심을 풀고 용서를 하기 전까지는 부가 결코 찾아오지 않는다. 정신적·정서적으로 풍요한 부가 차지할 만한 빈자리를 만들지 않았기 때문이다. 그러므로 우리는 용서를 함으로써 마음에 빈 공간, 즉 여백을 만들어야 한다.

'용서(forgive)'라는 말은 '포기(give up)'하라는 뜻을 담고 있다. 우리의 부를 가로막는 부정적인 감정을 붙들지 않고 놔주는 것, 즉 포기하는 것이 용서다.

그러므로 매일 용서하는 습관을 반복함으로써, 우리 앞에 풍성한 부가 몰려오도록 통로를 열어주어야 한다. 다음과 같은 말을 되뇌면서 매일 마음속을 비워보자.

"내 감정을 상하게 한 모든 것을 용서한다. 몸과 마음에 끼친 모든 원인을 용서한다. 과거, 현재, 미래의 모든 원인을 용서한다. 과거 또는 현재에 용서를 원하고 있는 모든 사람과 사물을 용서한다. 그들은 이제 자유이며 나 역시 자유가 되었다. 그 모든 원인과 나 사이의 모든 원인이 지금 이 순간, 그리고 앞으로 영원히 해소된다."

용서는 삶에서 정말 중요하다. 하루의 일과가 시작될 때 용서하는 연습을 하며 단 몇 분간이라도 보내보자.

나에게도 많은 도움이 됐던 조셉 머피 박사님의 용

서하는 방법을 소개한다.

"나는 나에게 상처를 주었던 그를 흔쾌히 용서합니다. 나는 그 전에 있었던 일을 모두, 그리고 완전하게 용서해주겠습니다. 나는 자유로우며 그도 자유롭습니다. 나는 이제까지 나를 화나게 했던 모든 사람, 모든 일에 대해서 용서했습니다. 그리고 모든 사람에게 건강과 행복, 또한 은혜가 베풀어지기를 기원합니다. 나를 불쾌하게 한 사람이 생각나면 '나는 당신을 용서했다. 그리고 모든 은혜는 당신의 것이다'라고 말해주겠습니다. 당신도 자유롭고 나도 자유인입니다."

옛날에 받은 상처가 머릿속에 떠오르거든, 간단하게 "당신에게 평안과 행복이 있기를"이라고 말해주자. 그에게 평안과 행복, 사랑을 보내주자.

처음에는 힘들겠지만 며칠이 지나면 그 사람이나 기억이 떠오르는 일이 점점 적어지고, 내 마음속에서 점차 사라질 것이다. 모든 것을 용서하고 미움의 감정이 없을 때, 그때부터 진정한 마음의 평화와 기쁨이 찾아오고 활기찬 생활이 시작된다.

분노에 차서 뒤돌아보게 하지 마시고
두려움에 젖어 앞을 못 보게 하지 마소서.
다만, 깨어서 주변을 살피게 하소서.
- 르랜드 발 반 드 월

Let us not look back in anger nor forward in fear
but around us in awareness.
- Leland Val Van De Wall

- 용서의 명단을 만들어보자.
- 나만의 용서문을 만들어보자.
- 명단에 적힌 사람과 상황을 앞에 놓고
  매일 소리 내어 용서문을 읽으며 느껴보자.

"나는 완전히 그리고 솔직하게 _____를 용서한다.

나는 _____를 자유롭게 놓아준다.

너도 이제 완전히 그리고 솔직하게 나를 용서한다.

_____는 나를 자유롭게 놓아준다.

나와 너 사이의 모든 부정적인 감정은

지금 이 순간, 그리고 앞으로 영원히 지워진다."

NO!
가난한 정보를 거부하라!

사람들 대부분은 하루에 오만 가지 생각을 한다. 오감을 통해서 우리 의식으로 들어온 수많은 정보를 바탕으로 생각하기 때문에 우리는 그 정보들에 깨어 있어야 한다. 시대가 너무 좋아져서 지금은 찾고자 하는 마음만 있다면 온라인으로 너무나도 손쉽게 정보를 얻을 수 있다. 원하는 강의도 언제 어디서든, 게다가 무료로 들을 수 있다. 영화, 음악, 책, TV 프로그램, 신문 기사 등 우리는 넘치는 정보 속에서 살아가고 있다.

그런데 잠재의식의 특징은 내가 집중해서 듣거나 보고 있지 않아도 그것들을 다 기억하고 저장한다는 것이다.

포털 사이트에서 깜빡거리는 뉴스를 클릭하면 보통 충격적인 사건들이 실감 나게 보도되어 있다. 깜빡거리는 또 다른 뉴스를 클릭해 따라가다 보면 어느덧 한시간이 훌쩍 지나 있다. 그걸 깨달으면 마치 기가 빨린 듯이 기분이 썩 좋지 않다. 우리는 매일 무의식적으로 수많은 정보를 클릭하지만, 들어오는 그 정보에 깨어있지 못하다. 그것이 부정적이라는 것조차 깨닫지 못하고 아무거나 보고 듣는다. 하지만 우리가 접하는 드라마나 영화, 책, 음악 등에는 다 에너지 레벨이 있다.

아무 음악이나, 아무 영화나, 아무 책이나 보는 것은 마치 몸짱을 꿈꾸면서 눈에 보이는 아무 음식이나 먹는 것과 같다. 예전에 〈사랑과 전쟁〉이라는 프로그램이 있었다. 고부간 갈등 상황에 있던 부부가 싸우기 시작했는데, 그 싸움이 커져 이혼에 이르렀다는 안타까운 스토리도 있었다. 실제 스토리를 다룬 충격적인 영화를 보고 몇 년 동안 그 잔상이 남아서 우울하고 슬픔이 오래가서 힘들었다는 이야기를 들은 적도 있다.

무의식적으로 받아들이는 정보들에 무감각하면, 슬픈 날 술 마시고 구슬픈 노래를 부르면서 울다가 집에 와서 슬픈 음악을 틀어놓고 왜 슬픈지도 모른 채 울면서 동굴을 파고 들어가게 된다.

앞서 말했듯, 우리의 의식은 판단 능력을 갖추고 있다. 그래서 어떤 것이 나에게 좋고 필요한 것인지를 판단해 나에게 적극적인 정보만을 의식적으로 넣어준다.

우리는 인터넷, 신문, 영화, 드라마, 라디오, 잡지 등 다양한 매체가 끊임없이 제공하는 정보 안에서 생활한다. 생활하는 동안 매 순간 우리는 깨어 있어야 한다. **집중해서 듣고 있지 않아도 잠재의식은 다 기억하고 저장한다는 사실을 잊지 말자!**

그러므로 행복한 부자로 가는 데 이 정보가 나에게 마이너스인지 플러스인지 의식에서 잘 선택해서 넣어주어야 한다. 로또 1등 당첨자가 몇 년 만에 망했다는 기사를 보면서 '그래, 돈이 많아지면 저러는 거야!'라고 인식하면 안 된다는 얘기다. 건강에 좋다는 음식을 먹는 것에는 신경 쓰면서 내 생각에 영향을 주는 보이지 않는 의식에 들어가는 정보에는 관심을 두지 않으면 안 된다는 얘기다.

행복한 부자가 되고 싶다면, 내가 부자가 될 때까지는 당분간 가난한 정보는 의식에도 넣지 않도록 깨어 있어야 한다. 마음속에 가난에 관한 이미지가 가득하면 부자로 만들어줄 부자 이미지가 들어갈 공간이 없어진다. 고생, 궁핍, 결핍을 떠올리게 하고 우울하게 만드는 어떤 것도 읽지 않는 것이 좋다. 잠재의식이 영향을 받으면 목표를 달성하는 데 많이 흔들릴 수 있기 때문이다.

과거에 돈 때문에 어려움을 겪은 적이 있다고 해도 그 고생스러웠던 과거에 관해 다른 사람들에게 이야기하지 않는 것이 좋다. 아예 생각도 하지 말자! 부모님께서 대대로 겪으신 가난, 어렸을 때 돈 때문에 싸우는 것을 보고 자란 기억들, 내가 겪었던 어려움에 대해 반복적으로 이야기하지 않는 것이 좋다. 이런 것들을 자꾸 이야기한다는 것은 지금도 여전히 가난의 에너지 속에 있다는 뜻이다. 그러면 내가 원하는 목표로 나아가는 경로를 스스로 막아버리게 되는 것이다.

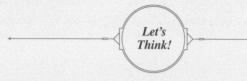

내가 원하는 행복한 부자의 상태는 어떤 모습인가?
그 모습을 위해 나는
어떤 정보들을 선택하고 넣어주겠는가?
어떤 책을 읽겠는가? 어떤 영상을 보겠는가?
아침에 일어나서 가장 먼저
어떤 정보를 넣어주겠는가?
나에게 플러스가 되는 정보들은 무엇인지
생각나는 대로 상세히 써보자.

_____

_____

_____

_____

_____

_____

저축하는 습관이
곧 자제력이다

나폴레온 힐은 성공학 원리를 정립하기 위해 수많은 자료를 모으고 분류하고 정리하는 데 20년 이상을 보냈다. 1만 6,000명 이상을 조사하고 분석하는 과정에서 그는 매우 흥미로운 사실들을 발견했다. 분석 대상 1만 6,000명 중 95%는 실패자였고 단지 5%만이 성공한 사람들이었다는 점이다.

그는 이 두 그룹 사이에서 세 가지 큰 차이점을 발견했다.

첫 번째는 실패자로 분류된 95%가 인생에서 명확한 목표를 갖고 있지 않았다는 것이다. 성공한 사람으로 분류된 5%만이 명확한 목표를 갖고 있었을 뿐만 아니라 그들은 자신의 목표를 달성하기 위한 명확한 계획까지 갖고 있었다.

두 번째는 95%의 실패자들은 자신이 좋아하지 않는 일을 하고 있었지만, 5%는 진정으로 자신이 좋아하는 일을 하고 있었다는 점이다.

그리고 마지막, 이번 장에서 이야기하려고 하는 핵심적인 세 번째 사실은 성공한 5%가 저축하는 습관을 갖고 있었던 반면 95%의 실패자는 그렇지 않았다는 점이다.

이 세 번째를 보고 나는 한동안 '왜 그럴까?' 하고 생각해보았다. 모든 부자의 법칙에서 강조하는 저축하는 습관, 이것은 곧 '자제력'을 의미한다. 액수보다는 저축하는 습관을 갖고 있다는 사실 자체가 중요하다. 그런 습관이야말로 자제력을 실천하고 있다는 증거가 되기 때문이다.

자제력이 결핍된 예로 대표적인 것이 이른바 '지름 신'이 내려와 무지막지하게 써버리는 소비습관이다. 자신의 월급보다 더 많은 돈을 단 하루 만에 신용카드 로 써버리고 그 카드 대금을 갚기 위해 현금 서비스를 받거나, 카드 돌려막기를 한다. 나중에는 카드 이자에 허덕이다가 사채까지 쓰게 되는 악순환에 빠지기도 한 다. 이는 자제력이 부족한 데서 온 결과다.

20대 초반 생애 처음으로 미국에 갔을 때 한 한국 여성의 집을 우연히 방문하게 되었는데, 그때를 잊을 수가 없다. 그녀는 정신적으로 조울증을 앓고 있었던 것 같다. 그녀는 우울할 때마다 신용카드를 들고 쇼핑 을 나간다고 했는데 옷장을 열어보니 뜯어보지 않은 샤넬 가방이 열 개가 넘었다. 우울할 때마다 주체하지 못하고 비싼 물건을 샀는데, 소비를 통해 자신의 위치 를 확인하면서 우울함을 일시적으로 해소하는 그녀를 보며 너무도 안타까웠다. 너무도 가난해서 음료수 하 나도 고민해서 사 먹던 당시 나에게는 그 자체가 엄청난 충격이었다. 그때 결심했다. 나는 최소한 저렇게는 살지 말아야겠다고.

성공하려면 꾸준한 저축 습관을 키워야 한다. 저축은 성공의 필수 요소다. 버는 돈이 적더라도 정기적으로 10%를 저축해둔다면, 결코 만나지 못했을 수많은 기회를 잡을 수 있다. **얼마를 저축하느냐보다 저축하는 습관을 갖고 있다는 사실이 더 중요하다. 그런 습관이야말로 자제력을 실천하고 있다는 것을 의미하기 때문이다.**

밥 프록터 역시 최종적인 경제적 자유를 위해 '경제적 자유 통장'을 만들라고 한다. 자신이 번 돈의 일부는 자신을 위해 별도로 남겨두라는 의미다. 자신이 벌어들인 돈 가운데 적어도 10%는 저축하고, 이 돈으로 투자를 해서 돈이 돈을 만들게 해야 한다. 어떤 일이 있어도 이 돈은 건드리지 말아야 한다.

나는 빠듯했던 시절에도 정기적금을 들었고 덕분에 이제는 매달 버는 돈에서 자동으로 저축하는 습관이 몸에 뺐다. 직장 생활을 막 시작하던 때부터 저축을 습관 화했다.

돈과 친해지는 연습을 하면서부터는 현금을 자주 접 촉하는 습관을 들였다. 돈이 보이는 투명 저금통을 만 들어, 동전이나 작은 돈이 생길 때마다 저금통에 넣었 다. 볼 때마다 돈과 인사하고 친해지면서 적은 돈이라 도 모으는 기쁨을 느끼며 풍요의 마인드셋을 더 잘 갖 출 수 있게 되었다.

미국의 정치가이자 사상가인 벤저민 프랭클린 (Benjamin Franklin)은 저축하는 습관이 어떤 결과를 가 져다주는지 잘 보여준 표본이다. 초를 만드는 가난한 집안의 열다섯째 아들로 태어나 열 살 때부터 아버지 공장에서 일하며 생활 전선에 뛰어들었다. 이런 환경 에서 자란 프랭클린은 자신의 노력만으로 정치, 발명, 외교, 철학, 예술 분야에서 유명한 인물이 됐다.

이런 출세는 그의 검약한 습관으로 실현됐다. 여기 서 **검약이란 '수입을 얼마나 현명하게 쓸까' 하는 경제 적 측면만을 의미하지 않는다. 인생의 모든 면에서 시**

간과 열정을 어떻게 쓸 것인지를 의미한다. 그에게 검약이란 돈을 신중하게 쓰는 것만이 아니라 건강과 체력 등 인생의 모든 자본을 소중히 여기는 것이기도 했다. 프랭클린은 검약을 실천한 사람이지만, 쓸 때는 어려움에 처한 사람들을 위해 마지막 1센트까지 후하게 나눠줬다고 한다.

작은 습관이 커다란 차이를 만든다는 것은 매일의 '점'을 찍는 간발의 차이가 큰 '면'을 만들어낸다는 인생의 진리이기도 하다. 100원이 모여 1,000원이 되고, 1,000원이 모여 1만 원이 된다. 푼돈이라고 우습게 여기는 것은 돈을 소중하게 다루는 것이 아니다. 사람도 자신을 소중히 여기는 사람은 다시 만나고 싶어 하듯이, 돈도 소중히 여기면 나에게 다시 돌아오게 되어 있다.

돈을 소중하게 여기면 가난할 운명이라도 부를 얻게 될 것이고, 아무리 적은 돈이라도 돌처럼 함부로 취급하면 그 돈은 다시 돌아오지 않을 것이다. 에너지의 법칙상 당연한 이치다. 가난한 사람들은 적은 돈을 소중히 여기지 않는 사람들이었다는 사실이 많은 스토리에서 입증된다.

돈 관리에서 가장 중요한 것은 내가 가장 기분이 좋아지는 방법으로 해야 한다는 것이다. 왜냐하면 잠재의식이 감정에 반응하기 때문이다. 돈을 아끼는 데 집중하느라 조바심을 내거나 우울한 감정에 빠지거나 앞날이 불안해지는 등의 마이너스 감정 속에 머물러서는 안 된다.

만약 갚아야 할 빚이 있다면 버는 돈의 일부가 자동으로 빠져나가 부채 상환에 쓰이게 하는 것이 좋다. 이런 식으로 부채에 신경 쓰지 않도록 장치를 만들면, 매달 부채 상환 때문에 결핍을 느끼며 그곳에 의식을 둘 필요가 없어진다. 그러면 빚에 대한 생각을 더는 하지 않고 내가 원하는 풍요의 상태에만 집중할 수 있다. **내가 풍요에만 집중하면 돈에 대해 더욱 순수하고 좋은 감정을 유지할 수 있다. 그러면 끌어당김의 법칙에 따라 더욱 풍요로운 기회들이 찾아오게 된다.**

다음과 같이 항상 반복하여 생각하라.

'나는 풍요롭다. 돈은 좋은 것이다. 나는 행복한 부

자다!'

자제력의 가장 큰 위력은 자기 생각을 컨트롤할 수 있게 한다는 것이다. 삶에서 의지를 꺾고 타협하고 싶은 수많은 유혹을 마주하게 될 것이다. 그럼에도 불구하고 내 인생의 목표와 조화되는 긍정적인 플러스 생각을 선택하는 연습을 할 때, 성공에 성큼 다가가게 된다.

Let's
DO!

나는 지금 저축을 하고 있는가?
저축하는 습관을 어떻게 만들어나갈 것인가?
나는 앞으로
나만의 경제적 자유 통장을 만들어 관리할 것이다.

나의 경제적 자유 통장 이름: _____

나는 앞으로 수입의 _____%를 나의 경제적

자유 통장 _____ (통장이름)에 매달 넣으며

풍요의 기쁨을 누리겠다!!

열심히 한 당신,
최고를 즐겨라

열심히 일한 당신, 즐겨라! 나는 일할 때 확실하게 일하고, 나를 위해 즐기는 시간도 풍요의 마인드셋을 위해 정말 중요하다고 생각한다.

나는 가고 싶은 여행지나 가지고 싶은 물건을 발견하면 리스트업을 해둔다. 전 세계를 다니며 다양한 체험을 하고 그 나라의 문화와 사람들을 느끼는 것을 너무나도 좋아하기에 매년 해외여행을 떠나는 것이 나 자신을 위한 가장 큰 선물 중 하나다. 그래서 거실과

침실, 서재까지 온 벽면에 세계지도가 있고, 세계지도를 보며 상상의 날개를 펼치길 좋아한다. 상상 그대로 해마다 내가 원하는 나라들에 가 있었고, 내가 생각했던 것보다 갈 수 있는 기회들이 더 많이 생겨났다.

다만 나 자신을 위한 선물은 아무 때나 하지 않는다. 어떤 목표에 집중해 성취했을 때만 선물을 해준다. 앞서도 잠깐 언급했듯이 첫 번째 책이 출간돼 베스트셀러에 오른 후 중국의 대형 출판사와 출판 계약을 했을 때가 그 한 예다. 첫 책을 위해 잠도 못 자며 몇 달 동안 온 에너지를 쏟으며 집중했던 만큼, 싱가포르로 떠난 휴가는 어느 때보다 꿀맛이었다. 충만하고 행복했다. 휴가를 즐기고 만끽하는 매 순간 나에게 이렇게 말해주었다.

'그간 정말 수고했어, 성희야!'

'첫 책이었는데 아주 잘 해냈어. 정말 난 뭐든지 할 수 있어!'

또 한번은 파리에서 마라톤 풀코스 42.195킬로미터를 달린 적이 있다. 감기로 고생하는 와중에 시차 적

응도 안 됐는데 4시간 15분 만에 완주한 후, 파리 샤넬 1호점에서 가장 마음에 드는 스페셜 에디션 지갑을 나에게 선물했다. 그리고 다음 날, 정말 가고 싶었던 베네치아 여행까지 나 자신에게 선물해주었다.

베네치아 여행에서 우연히 스페인, 호주, 스위스, 미국에서 온 여자 친구들을 만났는데 지금까지도 연락하며 유럽 여행 때마다 서로 만나는 깊은 친구가 되었다. 그 여행 역시 참으로 특별한 선물이었기에 나에게는 잊지 못할 행복한 기억으로 가슴에 남아 있다.

2019년 11월에는 포르투갈의 수도 리스본에서 초청받아 1,500명 앞에서 영어로 마인드파워 강의를 했다. 강의가 끝난 후, 열렬한 호응과 함께 기립박수를 받고 주최 측에서 수여하는 트로피를 받는데 정말 눈물이 나도록 행복했다. 유럽 사람들의 문화에 맞추어 강의를 하기 위해, 〈테드(TED)〉에 나가는 연사들을 코칭해주는 스피치 코치를 찾아 전화로 일대일 레슨까지 받으며 준비한 보람이 있었다.

싱가포르나 중국 등 아시아 사람들을 위한 영어 강

의는 했었지만 유럽 사람들을 위한 강의는 처음이었기에, 그리고 1,500명이나 되는 사람들 앞에서 한국을 알릴 기회였기에 온 마음을 다해 몇 달 동안 준비했다. 그랬기에 더욱더 보람이 컸다.

강의를 성공적으로 마친 후 정말 여행해보고 싶었던 포르투 여행을 나에게 선물해주었다. 너무도 가보고 싶었던 포르투! 탱고를 인생 춤으로 사랑하는 나는 포르투에서 최고의 마스터에게 탱고 레슨을 받아보고 싶었다. 그리고 실제로 탱고 마에스트로에게 일대일 레슨을 받았는데 얼마나 행복했는지 모른다. 마침 포르투에 내가 도착한 날 탱고 페스티벌이 열려서 페스티벌에도 참가하고, 포르투에서 유명한 와이너리 투어도 신청해서 매 순간을 충만하게 즐겼다.

그 외에도 어떤 목표를 이루었을 때 내 목록에 있는 여러 가지 선물을 해주었다. 바르셀로나 10일 힐링 여행, 미국 세도나 명상 여행, 미국 사막 에너지 볼텍스 명상 수련 등 목표를 이룰 때마다 나에게 하나씩 선물했다. 그 선물을 즐기는 매 순간, 내가 느꼈던 성취감과 나에게 칭찬해주는 기쁨과 감사함은 어떤 단어로도 표현할 수 없을 만큼 경이로웠다.

일을 할 때는 온 마음으로 열중하는 것도 중요하고, 10% 이상을 저축하는 것도 중요하다. 더불어 중요한 것은 열심히 일한 나에게 칭찬 선물을 해주며 나 자신을 최고로 대해주는 것이다. 이는 풍요의 마인드를 세팅하는 데 정말 중요하다. 나 자신을 행복한 부자로 바라보고 그렇게 대해주면 반드시 행복한 부자가 된다. 그래서 나는 자신을 위한 선물 통장을 만들어 따로 저축도 하라고 권하고 싶다.

궁핍하게 살던 때는 열심히 돈 벌어서 아끼고 아껴써도 계속 부족한 느낌이었다. 그때는 돈에 대해서 풍요로운 마인드도 없었고, 돈을 제대로 다룰 줄도 몰랐다. 돈을 떠올리면 가장 먼저 아껴야 한다는 생각이 들었다. 그러나 이렇게 열심히 성취한 나에게 매번 선물을 하니 더더욱 그 성취를 즐기게 되었다. 풍요의 마인드 세팅이 저절로 되며 더욱 여유로워졌고, 경제적으로도 풍요로워졌다.

처음부터 큰 선물을 할 필요는 없다. 평소에 가고 싶었던 레스토랑에 가서 고급 와인을 주문해서 그 순간을 즐길 수도 있고, 좋은 호텔에서 호캉스를 누려볼 수도 있다. 어떤 방식으로든 나 자신에게 특별한 즐거움을 주는 것이다.

2013년 인생 처음으로 마라톤 풀코스에 도전해서 한 달 반 만에 마인드파워로 완주한 것이 나의 첫 마인드파워 마라톤 성공이었다. 풀코스에 성공하니 하프 마라톤은 너무나도 쉬워 보였다. 그래서 다음 달에 바로 경북 영주시에서 개최하는 하프 마라톤에 도전했다.

자신감을 안고 영주에 도착해서 좋은 컨디션으로 뛰기 시작했는데 웬걸, 코스 중에 오르막 내리막이 얼마나 많은지 몸이 천근만근이었다. 너무 힘들어서 중간에 멈추고 싶었다.

힘들다고 생각하니 더더욱 힘들어졌다. 그래서 생각을 바로 바꾸어 마라톤이 끝난 후 먹을 한우만 생각했다. 맛있다고 소문이 자자한 영주 한우를 지인들과 마라톤 후 함께 먹자고 약속했는데, 그 약속만을 생각해야지 끝까지 달릴 수 있을 것 같았다. 몸이 너무 힘드니 마라톤이 끝나고 나에게 해줄 선물만 집중해서 생각했다. 그러자 어느 순간 몸이 가벼워지고 달리는 속도도 더 빨라졌다.

그때 다시 한 번 느꼈다. **나 자신에게 해주는 보상이 얼마나 중요한지를. 보상은 목표를 이루어가는 과정에서 힘든 순간들조차 기대감으로 즐겁게 한다.**

당신은 어떤 것을 자신에게 선물해주고 싶은가?

아무것도 하지 않으면서 나에게 선물하는 건 별로 재미가 없다. 어떤 목표를 세웠을 때 그것을 향해 노력하는 과정에서 내가 그 선물을 생각하며 에너지를 쏟는다면, 그 또한 참으로 나를 사랑하는 시간이다.

나 자신을 사랑하기에 노력하는 귀한 시간이다. 과정도 성취도 나를 위해 축복해주는 풍요로운 시간으로 만들자. 그 시간이 축적될수록 당신은 놀랍게 더 풍요로워지는 자신을 만나게 될 것이다.

한 기업가는 아무리 돈이 없던 시절에도 절대 돈이

없는 것처럼 행동하지 않았다고 한다. 외출을 할 때는 가장 좋은 옷을 꺼내 입으며 자신을 꾸몄고, 친구와 식사할 때는 호기롭게 한 턱 내기도 했다. 당연히 주변 사람들은 '저 사람은 돈이 많아'라고 생각했다. 실제로 그는 수년이 흐른 뒤 억만장자가 되었다.

그는 부자의 마인드를 가지고 있었고, 그의 마인드가 현실화한 것이다. 마인드를 바꾸면 결과도 바뀐다. 그러니 '나는 부자와는 거리가 멀어'라고 생각하지 말고, '나는 점점 부자가 되어가고 있어'라고 생각하자.

종이를 꺼내 왼쪽에 나의 드림 리스트를 나열해보자. 나만의 버킷리스트, 즉 목표를 달성했을 때 나에게 줄 '칭찬 선물'이라고 할 수 있다.

그리고 오른쪽에는 나만의 목표들을 써보자. 꼭 큰 목표일 필요는 없고, 이번 달에 이루고 싶은 한 가지 목표여도 된다.

예를 들어 마파영 수업에 오는 사람들은 '한 달간 매일 영사(영어사랑 practice)하기'라고 쓰고, 한 달간 매일 영사를 하면 자신에게 즉각적인 선물 보상을 해준다. 이를테면 그간 보고 싶었던 뮤지컬을 VIP석에서 보는 것이다.

작은 것이라도 이루었을 때 즉각적으로 선물을 주고 그 선물을 충만하게 느껴보자. 그리고 자신에게 "참 잘했어!"라고 칭찬해주자. 자신감이 차오르는 게 느껴질 것이다.

나의 버킷리스트
(나를 위한 선물)

_____

_____

_____

_____

_____

_____

_____

_____

_____

_____

_____

_____

_____

_____

내가 달성할 목표

_____

_____

_____

_____

_____

_____

_____

_____

_____

_____

_____

_____

_____

_____

마스터마인드 그룹의 파워
– 함께 더 멀리

잘되는 나, 잘되는 너.

몽상이 아닌 꿈을 꾸는 사람과 어울려야 한다.

거대한 목표를 세우고 위대한 일을 이루려는

사람과 가까이하면, 나도 그렇게 된다.

내가 잠재력을 온전히 발휘하도록

도와줄 사람을 사귀어야 한다.

내가 정말 좋아하는 조엘 오스틴(Joel Osteen) 목사의

글이다.

내가 누구와 함께하느냐에 따라 나의 인생이 바뀐다. 헨리 포드는 매우 가난하고, 배운 것도 없고, 세상 물정을 모르는 상태에서 사업을 시작해 불과 10년 만에 이 세 가지 단점을 극복했다. 그리고 25년 만에 미국에서 가장 부유한 사람 중 하나가 되었다.

어떻게 그럴 수 있었을까? 목표에 대한 불굴의 의지, 인내심 등 여러 가지 요인이 있었겠지만, 가장 중요한 단서는 포드가 가장 빠르게 성장하기 시작한 시점이 유명한 발명가 토머스 에디슨과 친구가 된 시기와 일치한다는 것이다. 이것만 보아도 사람과 사람 사이에서 일어나는 마음의 교류가 성공에 얼마나 큰 영향을 미치는지 알 수 있다. 그 후 포드는 에디슨 외에 또 다른 훌륭한 인재들을 만나 큰 성공을 거두었다.

이처럼 훌륭한 친구들과 마음의 교류를 나누면 생각과 생각하는 습관, 특성 등이 서로 닮아가면서 엄청난 에너지를 만들어낸다. 그런데 반대로 자신이 처한 상황을 항상 불평하고 다른 사람들을 비판하고 험담을

퍼트리는 사람들에 둘러싸이는 경우도 있다. 거기에서 그치지 않고 당신의 꿈이 불가능한 것이라고 말하며 목표를 향해 나아가려는 당신을 끌어내리려는 사람들도 있다. 그런 나의 에너지를 고갈시키는 꿈 도둑이 있다면 그런 사람들과 시간 보내기를 멈춰야 한다.

건설적인 마인드를 지닌 새로운 사람들과 지내야 할 때다. 긍정적이고 당신을 믿어주고 당신이 꿈을 추구할 수 있도록 용기를 북돋아주고, 당신의 승리를 진심으로 축하해주는 사람들에게 둘러싸이도록 의식적으로 노력하라. 가능성을 생각하고 거대한 목표를 세우고 비전을 가진 사람들이 당신을 둘러싸게 하라.

성공한 사람들은 성공한 사람들을 가까이한다. 실패한 사람은 실패자들을 가까이한다. 왜 그럴까? 편안하기 때문이다. 성공한 사람들은 성공한 사람들과 같이 있는 것이 편안하다. 그들의 존재가 전혀 어색하거나 부담스럽지 않다. 아직 성공하지 못한 사람들은 크게 성공한 사람들과 같이 있는 것이 편하지 않다. 그들이 거부감을 드러낼까봐 불안하고 자신이 그 무리에 어울리지 않는 듯한 기분이 들어 불편하다.

우리 어머니도 이 사실을 아셨다. 어머니들이 자녀들에게 "친구 잘 만나라"라고 한 이유가 있다. 유유상종이라고, 끼리끼리 모인다. 사람들의 소득은 대체로 친한 친구들이 버는 평균 소득과 20% 안팎의 차이를 보인다고 한다. 이 말은 곧 내가 주로 어울리는 사람들을 보면 내 수입이 나온다는 말이다.

당신은 주로 어떤 사람과 어울리는가? 무엇보다 내가 현재 인식하고 있는 사실이 중요하다. 인식했다면 앞으로 함께 어울릴 사람을 신중하게 선택해야 한다.

> **당신은 자신이 가장 많은 시간을 함께 보내는 다섯 사람의 평균치다.**
> - 짐 론
> *You are the average of the five people you spend the most time with.*
> *- Jim Rohn*

나폴레온 힐이 세계에서 가장 부자였던 강철왕 카네

기에게 성공한 첫 번째 요인이 뭐냐고 질문했을 때, 그는 '마스터마인드 그룹'이라고 답했다고 한다.

마스터마인드는 '명확한 목표를 달성하기 위해 두 명 이상의 사람들이 지식과 노력을 조화롭게 공유하는 것'이라고 정의할 수 있다. 사람들은 부자가 되고 성공하는 꿈을 꾼다. 성공하는 데 노력과 열정만큼이나 중요한 것이 바로 '나눔'이다. 남과 나눈다는 것은 바로 나를 행복하게 하는 기술이고, 내 삶에 더 많은 즐거움을 누릴 기회를 얻는 것이다. 무슨 일이든 혼자서 지식을 모으고 행동을 일으키려고 한다면 고난이 따르고, 한계를 벗어나지 못한다. 수많은 지식과 정보를 갖춰야 하는 현대 사회에서는 더더욱 그렇다.

나 하나로는 이 세상을 움직일 수 없다. 그래서 다른 사람들이 필요하다. **세상에는 내가 모르는 것을 알고 있는 사람, 내가 못하는 것을 매우 잘하는 사람, 내가 보지 못하는 것을 보는 사람, 내가 지금 두려워서 하지 못하는 것을 다른 관점으로 멋지게 헤쳐나가는 사람 등 다양한 사람들이 있다.**

마스터마인드 그룹은 이런 사람들이 함께 모여 누군가에게 도움을 주기도 하고 누군가로부터 도움을 받기도 하면서 서로를 성장시킨다. 정기적으로 시간을 두고 만나 그룹 안에서 좋은 책을 권할 수도 있고, 자신이 아는 다른 좋은 사람을 소개해줄 수도 있다. 하나의 팀으로서 어떤 문제를 해결하거나 일을 하면 많은 사람의 아이디어가 모이기 때문에 짧은 시간에 많은 것을 해결할 수 있다. 그룹 내에 있는 사람들의 스토리를 통해서 자신이 안고 있는 문제의 해결책이 갑자기 '팡' 하고 떠오르기도 하고, 자신이 경험하지 못한 것에 대해 간접경험을 할 수도 있다. 그룹 안에는 쓴소리를 해주며 서로 발전하는 데 게으름을 피우지 않도록 도와주는 사람도 있다.

이렇듯 명확한 목표를 달성하기 위해 모인 사람들의 지식과 노력과 협조의 정신은 성공을 이루는 데 커다란 힘이 되어준다. 아무리 위대한 사람이라 할지라도 협력 없이는 실력을 최대한 발휘하지 못한다. 그래서 성공한 사람들에게는 대부분 마스터마인드 그룹이 있다고 한다. 나 또한 정기적으로 만나는 마스터마인드 그룹이 있다.

마인드스쿨의 마인드파워 과정도 기수별로 진행되는데, 같은 기수에서 만난 사람들끼리 '마스터마인드 그룹'을 형성한다. 서로의 목표를 응원하고 성장하고 변화하면서 서로가 성장하는 모습을 보며 자극을 받는다. 그룹의 에너지는 갈수록 높아지고, 더 힘을 받으니 함께 더 멀리 갈 수 있다.

어떤 생각을 하고 어떤 인생의 목적을 가진 사람들과 얼마나 시간을 보내느냐에 따라 나의 생각이 바뀌게 된다. 생각이 바뀌면 행동이 바뀌고, 행동이 바뀌면 습관이 바뀌고, 습관이 바뀌면 삶이 달라지고, 삶이 달라지면 운명이 달라진다.

당신도 주위에 긍정적이고 건강한 생각으로 사람들에게 활기를 주며 목표 지향적이고 열린 마음을 가진 사람들이 있다면, 그들과 마스터마인드 그룹을 만들어 보길 강력히 추천한다. 구성원은 회사 동료일 수도 있고, 각자 다른 분야에 종사하는 친구들이나 지인일 수도 있다. 한 달에 한 번이나 격주에 한 번 정기적으로 모여보자. 다른 사람에 대한 험담이나 불평불만이 아닌 건설적인 목적을 가지고 서로를 돕는 만남이 지속된다면, 당신이 목표를 향해 나아가는 데 엄청난 동력이 될 것이다.

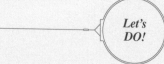

내가 속한 분야에서
가장 본받고 싶은 사람들이 누구인지 써보라.
그들의 어떤 부분을 본받고 싶은가?
그 사람들과 조금 더 시간을 함께 보내려면
어떤 방법이 좋을지 생각해보자.

_____

_____

_____

_____

_____

_____

_____

행복한 부자들은
배움을 멈추지 않는다

나폴레온 힐이 성공한 사람들을 조사·연구하면서 발견한 '성공을 추구하는 사람들이 반드시 극복해야 할 약점 16가지' 중 하나가 '공부하고 싶은, 즉 지식을 쌓고 싶은 의욕이 없다'였다. 그런데 힐은 이 역시 그에 맞는 자아상을 가지고 있어야 한다고 말한다. 너무 자신감이 없으면 '나는 배울 수 없다'라고 생각하고, 반대로 너무 자신감이 많으면 '나는 더 이상 배울 필요가 없다'라고 생각하기 때문이다. 어느 쪽이 더 위험할까?

단연코 후자다. 나는 배울 필요가 없다고 생각하는 것이 훨씬 더 위험하다.

내가 만난 진정한 성공을 이룬 사람들은 끊임없이 배우고 자기 자신을 성장시키고자 했다. 나의 멘토들 중 이미 사회적·경제적으로 성공한 60대 이상의 분들도 끊임없이 공부하고 있다. 감사하게도, 때로는 자신이 공부하고 있는 자료들을 나에게 이메일이나 메시지로 전해주기도 한다.

밥 프록터 역시 아흔이 가까운 나이인데도 유럽에 좋은 세미나가 있으면 지체 없이 비행기를 타고 날아가서 배운다. 그는 배우고자 하는 태도를 강조하면서 "인생에서 진정으로 이기는 사람들은 배우기를 절대로 멈추지 않는 사람이다"라고 말했다. 그리고 이어서 "자신이 성장하는 데 10%를 투자해서 지속적으로 배운다면 아주 큰 부자가 될 것이다"라고도 말했다.

어느 책에서 읽은 글귀가 아직도 기억난다.

부자는 계속 배우고 발전한다.

가난한 사람은 이미 안다고 생각한다.

벤저민 프랭클린의 말을 빌리자면, 가난한 사람들은 돈이 없어서 또는 시간이 없어서 교육받을 여건이 안 된다고 말한다. 반면 부자들은 "교육이 비싸다고 생각하면 무지를 벗어나지 못할 것이다. 아는 것이 힘이며, 행동하는 능력이 곧 힘이다"라고 말한다.

성공하는 법은 배울 수 있다. 자수성가한 사람들은 자신이 왜 성공했는지조차 설명하지 못한다. 너무나 간절했고 미친 듯이 한 길만을 살아온 그 사람들은 자신을 최대한 내몰아치다 보니 그 일을 해낸 것이다.

뛰어난 피겨스케이팅 선수가 되고 싶다면 그 방법을 배우면 된다. 탱고 마스터가 되고 싶다면 그 방법을 배우면 된다. 부자가 되고 싶을 때도 마찬가지다. 그렇게 되는 방법을 배우면 된다.

이 책을 든 당신이 지금 어디에 있느냐는 중요하지 않다. 어디서 시작하는지도 중요하지 않다. 기꺼이 마음을 열고 이것을 배우고 적용하느냐 아니냐가 가장

중요하다.

일류라고 불리는 사람들도 한때는 초보였다. 처음부터 잘하는 사람이 어디 있겠는가.

지그 지글러(Zig Ziglar)의 글귀가 내 마음 깊이 들어온 적이 있다.

> **뛰어나고 훌륭하게 시작할 필요는 없다,**
> **그러나 훌륭하기 위해서 시작해야 한다.**
> *- 지그 지글러*
>
> *You don't have to be great to start,*
> *but you have to start to be great.*
> *- Zig Ziglar*

그렇다. 처음부터 잘하는 사람은 없다. 시작 단계가 있어야 중간 단계로 갈 수 있고, 중간 단계가 있어야 잘하는 단계로 갈 수 있으며, 잘하는 단계를 거쳐야 훌륭한 단계에 이를 수 있다.

내가 이 일을 시작할 때 나에게 "다 잘될 거야"라고 말해준 사람은 단 한 명도 없었다.

미국 대기업 중에서도 3대 유통기업에 속하는 가장 큰 회사에서 인정받는 패브릭 스페셜리스트(Fabric Specialist)로 잘 다니다가 살 만하니까 갑자기 생빚을 내서 밥 프록터라는 사람에게 간다고 하니, 어떤 이들은 "이상한 종교에 빠진 것 아니야?"라고 했다. "보수적인 우리나라에서는 너처럼 소극적이고 내성적인 성격에 순진해 보이는 서른 살 여자에게 배우러 오는 사람은 아무도 없을 거야"라고 하는 사람도 있었다. 친구들은 "그런 어려운 일은 아무나 하는 거 아니야", "편하게 살 수 있는데 무엇하러 고생을 사서 하니?"라며 안타까워했다.

모두의 만류를 뿌리치고 내가 전 재산을 투자해서 미국에 다녀왔을 때는 "한국에서는 교육 사업으로 돈 벌기 어렵다", "교육 사업은 돈이 안 된다", "내성적인 성격으로는 특히 교육 사업으로 먹고살기 힘들 거예요"라고들 했다.

그들 말이 모두 맞았다. 이 일을 시작하고 처음 5년 간은 정말 죽을 맛이었다. 마치 계란으로 바위를 깨트

리려고 하는 것처럼 아등바등했으나 깨질 기미가 보이지 않았다.

우선 나의 개인적인 역량이 부족했다. 어눌했고, 말하는 걸 싫어했으며, 무대 공포증에 카메라 기피증까지 있던 나는 어쩌면 이 일에 정말 맞지 않는 사람이었다. 그래서 부족한 점들을 채워나가기 위해 부단히 노력했다. 목소리 코칭, 스피치 코칭, 라디오 성우 수업 등을 들으며 한국말을 연습하고 또 연습했다. 다양한 과정도 이수했다. MBTI(The Myers-Briggs Type Indicator, 마이어-브릭스 유형 지표) 상담 자격증, 글로벌 리더 GFMP(Grobal Food Service Management Program) 최고 경영자 과정도 그때 수료했다. 2014년에는 매주 수요일 〈수요포럼 인문의 숲〉에서 1년간 업계의 유명한 강사들이 진행하는 과정을 모두 수료했고, 세계적인 마스터 브라이언 트레이시(Brian Tracy)의 브라이언 트레이시 인터내셔널(Brian Tracy International) 교수 자격증도 취득했다. 그 외에 힐링 웃음코치 과정, 인도의 명상 과정, 산속에서 하는 법륜스님의 깨달음의 장, 묵언 수행, 미국의 명상수련도 참여했다. 그 외에도 온라인으로 세계적인 마스터들의 유료 강의를 들으며 내면의 힘을 길렀고, 지금도 계속 공부하고 있다.

많은 사람이 지금의 나를 보면 말을 어떻게 그렇게 잘하냐고, 목소리는 원래 그렇게 좋았던 거냐고, 영어는 어떻게 그리 잘하냐고, 원래부터 그렇게 카리스마 넘쳤냐고 묻는다. 하지만 사실 나는 밑바닥 이하의 수준에서 출발했다. 나 같은 '찌질이'가 지금처럼 할 수 있었으니, 당신은 충분히 하고도 남는다.

행복한 부자가 된다는 것은 단순히 돈이 많아진다는 문제가 아니라 어떤 사람이 되느냐의 문제다. 괴테가 말했듯이, "내가 무엇인가를 이루려면, 내가 먼저 그 무엇인가가 되어야 한다." 즉, 내가 먼저 그 사람이 되어야 이룰 수 있다.

자신의 내면을 계발하고 그릇을 넓혀나가는 부자가 진짜 부자다. 그러므로 부자가 되어 계속 부자로 사는 지름길은 나 자신을 계발해나가는 것이다. 자신을 성공한 사람으로 발전시켜나가야 한다는 뜻이다. 끊임없이 배우고 발전해나가는 사람만이 훌륭한 단계에 이를 수 있다.

밥 프록터의 트레이닝을 다 받았을 때 '살아 있는 원조에게 트레이닝을 받았으니 공부는 끝난 거 아닌가?'라는 생각이 있었다. 그런데 공부를 하면 할수록 궁금한 것들이 더 많이 생기고 공부할 것들도 늘어났다. 그리고 공부를 하면 할수록 고개가 숙여졌다. 그렇기에 나 자신을 더욱 다지고 성장시키고자 노력하게 된다.

내가 만나본 성공한 사람들은 매일 다양한 분야의 책을 읽고 공부한다. 자신의 존재에 대해서 더 많이 이해하고, 내부의 자신감으로 자신의 운명을 개척해나가고자 한다. 특별한 재능을 끊임없이 갈고닦고자 하며, 배우고 성장해서 의식 수준을 높이고자 한다. 새로운 도전을 위해 위험을 기꺼이 감수하고, 받는 것보다 더 많은 것을 주려고 노력한다. 더 많이 봉사하고 나누고자 한다. 이것이 진정한 건설적 성장이다. 이 사람들이 함께 모였을 때 아름다운 세상이 만들어지는 것은 당연하지 않겠는가!

인생을 어떻게 살아갈 것인가?

둘 중 하나다. 내가 마음을 지배하느냐, 아니면 마음이 나를 지배하느냐. 내 마음을 조정할 수 있느냐 없느냐는 자기 훈련과 습관에 의해 결정된다. 자기 훈련은 곧 지속적으로 배우고 공부하는 것이다.

단 한 번뿐인 인생!

당신은 충만하게 누릴 자격을 가지고 태어났다.

영혼의 선장으로, 운명의 지배자로서 멋지게 노 저어가는 삶!

그것이 인간으로서 누릴 수 있는 최대의 무기를 사용하며 행복한 부자가 사는 삶이다.

당신은 부자로 태어났기에!

나는 자기계발과 성장을 위해서 매달 어느 정도를
투자하고 있는가?

금액 _____ 원

행복한 부자가 되기 위해,
나 자신을 계발하고 성장하기 위해
어떤 책을 읽을 것인지, 어떤 세미나를 들을 것인지,
어떤 공부를 할 것인지, 언제 시작할 것인지 등
구체적으로 계획을 써보자.

_____

_____

_____

_____

_____

_____

보상에 상관없이
대체 불가능한 사람이 되라

'당신이 속한 기업이 당신의 세일즈 실적만큼 팔
수 있는 또 다른 세일즈맨을 찾고자 한다면 얼마
나 어려울 것으로 생각하는가?'

1. 매우 어렵다.

2. 어렵다.

3. 어렵지 않다.

밥 프록터의 세일즈 워크숍인 미션 인 커미션 과정 마지막 단계에서 하는 질문 중 하나다.

나는 대체 불가능한 사람인가, 아니면 대체하기 쉬운 사람인가?

이 질문에 대한 정직한 대답에서 당신이 벌고 있는 액수가 정해진다.

어느 분야건 대체 불가능한 사람이 되면 가치가 매우 높아진다. 대체 불가능한 사람이 되면 말 그대로 대신할 사람들이 거의 없으므로 돈을 많이 벌 수밖에 없다.

그렇다면 어떻게 해야 대체 불가능한 사람이 될 수 있을까?

정조의 삶을 풀어낸 영화 〈역린〉에서 정조가 자주 쓰던 말이 있다. 글 하나하나가 너무나 감동적이어서 다이어리에 써두고 먹어버릴 때까지 곱씹고 곱씹었다.

작은 일도 무시하지 않고 최선을 다해야 한다.
작은 일에도 최선을 다하면 정성스럽게 된다.
정성스럽게 되면 겉에 배어 나오고,
겉에 배어 나오면 겉으로 드러나고,
겉으로 드러나면 이내 밝아지고,
밝아지면 남을 감동시키고,
남을 감동시키면 이내 변하게 되고,
변하면 생육된다.
그러니 오직 세상에서
지극히 정성을 다하는 사람만이
나와 세상을 변하게 할 수 있는 것이다.
–《중용》제23장

하나를 보면 열을 안다는 말이 있다. 작은 일을 잘하면 큰일도 잘한다. 아주 작은 것을 정성스럽게 하는 사람은 큰 것 역시 정성을 들여 해낸다. 그리고 그런 사람은 어디서든 반드시 눈에 띈다.

내가 이제까지 만나본 업계 최고의 사람들은 이렇게 정성스럽게 하는 사람들이었다. 보상을 생각하지 않고 자기가 있는 자리에서 최선을 다했기에 이런 매일이 모여 대체 불가능한 사람이 되었다. 그리고 더 나아가 세상을 바꾸었다.

보상을 생각하지 않고 일하는 습관!

이 습관을 키우려면 먼저 자신이 가장 좋아하는 일이 무엇인지를 분명히 알고 있어야 한다.

여기서는 '사랑'이 중요한 의미를 지닌다.

내가 싫어하는 일이 있는가 하면, 그럭저럭 좋아하는 일도 있고, 정말 사랑해서 미치도록 좋아하는 일도 있다.

정상에 선 사람들에게는 한결같은 노력의 과정이 있었다. 그 안에 '피나는 노력'이라는 진리가 숨어 있었다. 이 사실에는 예외가 없다. 그 피나는 노력은 자기 일을 사랑했기에 가능했던 것이다.

정말 사랑하는 일을 직업으로 가진 사람을 본 적이 있는가? '저 에너지는 어디서 나올까?' 싶을 정도로 밤낮을 가리지 않고 오랜 시간 일에 파묻힌다. 하지만 싫어하는 일을 억지로 하면 피로감을 매우 빨리 느끼게 된다. 내가 그 일을 좋아하느냐 싫어하느냐의 정도에 따라 몰입도 자체가 달라진다.

　사랑하는 일을 위해 매진할 때 고도의 집중력을 발휘하므로 더욱 빠르게 성공에 도달할 수밖에 없다는 것은 진리다. 그랬기에 그들은 자기 분야의 최고 전문가가 될 수 있었고, 당연하게도 돈을 많이 벌 수 있었다. 어느 책에서 읽은 다음의 글에 이 핵심이 담겨 있다.

　부자는 자기 분야의 전문가다.

　중산층은 자기 분야를 어느 정도 알고 있다.

　가난한 사람들은 자기 분야를 잘 모른다.

　나폴레온 힐이 성공한 사람들을 조사·연구하며 발견한 것 중 하나도 그들은 보수보다 더 많은 일을 더 잘 해내는 습관을 가지고 있다는 것이다. 보수보다 더 많은 일을 더 잘 해내는 습관. 세상 사람 대부분은 그 원리를 실천하지 않지만, 그렇게 해야 하는 이유가 있다. 가장 중요한 두 가지 이유를 들면 다음과 같다.

첫째, 언제든지 보수보다 더 많은 일을 더 잘 해내는 사람이라는 평판을 얻음으로써 그렇게 하지 않는 주변 사람들보다 큰 이득을 얻게 된다. 또한 그런 차이가 너무나 분명해서, 당신을 고용하고자 하는 사람들이 치열한 경쟁을 벌이게 된다.

성직자든 법률가든 작가든 교사든 아니면 막일을 하든 당신은 한층 가치 있는 사람이 될 것이고, 보수 이상으로 일하는 사람이라고 인정받는 그 순간부터 더 큰 보상을 얻을 수 있게 된다.

둘째, 보수 이상으로 일을 하는 것은 훨씬 더 근원적이고도 중요한 의미를 지닌다. 만약 어떤 사람이 오른쪽 팔을 강하게 만들고 싶다면서, 그 팔을 몸통에 꼭꼭 묶어두고 사용하지 않는다면 어떻게 되겠는가? 팔을 쓰지 않고 놀리기만 하면 힘이 세지기는커녕 점점 허약해진다. 심지어 근육이 마비되어 사용할 수 없는 최악의 상황에 이를 수도 있다. 진정으로 힘센 팔을 원한다면 열심히 단련해야 한다.

나폴레온 힐의 말 중 정말 공감했던 내용을 소개한다.

　모과는 서리를 맞은 후 향이 난다고 한다. 모과도
서리를 맞아야 정신을 차리고 향을 내는데, 사람
도 된서리를 맞아야 내면이 더욱 단련되고 본연
의 품격과 향기가 나오지 않겠는가?
　좋은 상황들만 받쳐주고 모든 상황이 나를 위해
돌아가면 좋겠지만, 인생이란 업 앤 다운의 연속
이다. 위기를 만났을 때 우리는 그 위기를 헤쳐나
가며 발전하고 나 자신을 단련시킬 수 있다.
　야생마가 명마가 되기 위해서는 연단의 시간이
필요하다. 그 연단의 시간은 고통 없이는 오지 않
는다. 그 아픔을 성장의 당연한 과정으로 보느냐
아니면 힘들기만 한 고통으로 보느냐는 나의 선
택이다.

　보수만큼만 일하려 하지 않고 보수보다 더 많은 일
을 더 잘 해내도록 노력할 때, 성공을 향해 성큼 다가

설 수 있다. 어떤 역경을 만나도 굴하지 않는 사람, 눈앞의 보상에 연연하지 않는 사람에게는 놀라운 대가가 주어진다.

즉각적인 보상에만 급급하는 사람들을 많이 보는데, 좀더 멀리 바라봤으면 좋겠다. 우리의 성공을 가로막는 거대한 산은 지금 당장 물질적인 보상이 없으면 헛일이라고 성급하게 결정짓는 태도다.

세상은 넓고 할 일은 많으며, 어느 분야든지 내가 발전해나갈 시간은 충분하다. 무조건적인 확신을 가져야 한다. 조급하지 않게 현재에 집중하며 어제보다 조금이라도 더 발전하고 성장하는 오늘에 집중한다면, 어느 순간 최고가 되어 있는 자신을 만나게 될 것이다.

최고의 보상을 받고자 한다면 최고가 되겠다고 결심하자!

아마추어는 사람과 경쟁한다.
프로는 자기 자신과 경쟁한다.

Let's DO!

나만의 강력한 결심!

_____ (이름) 나는 앞으로
내 분야의 최고가 될 것이다!
_____ (이름) 나는 어떤 역경이 닥쳐도
나를 단련시키는 과정으로 받아들일 것이다!

나의 결심:

_____

_____

_____

_____

_____

_____

시그니엘 5성급 호텔 99층에서 한눈에 들어오는 야경
의 불빛들이 내 마음을 반짝반짝 밝혀주는 듯하다. 이
책을 읽고 변화하실 독자 분들을 미리 축복하는 듯한
불빛을 보니 마음이 충만해져 눈시울이 뜨거워진다.
스위트룸에서 최고의 뷰를 바라보며 독자 분들께 이
풍요의 에너지를 전할 수 있어 너무나도 기쁘다.

마인드파워 전문가로 활동한 지 어느덧 11년차. 내
가 사랑하는 일을 하고 사랑하는 사람들과 성장하는 매
순간이 꿈만 같다. 거실 전체 통창으로 비치는 도시를
내려다보니, 지난 세월들이 주마등처럼 스쳐지나간다.

마인드파워를 공부하고 내 삶에 적용하지 않았더라면 지금의 나도, 지금과 같은 기적 같은 삶도 없었을 것이다. 그래서 나는 내가 만나는 모든 사람들에게 알려주고 싶었다. 나 같은 평범 이하였던 찌질이가 할 수 있었다면, 당신도 충분히 할 수 있다는 것을!

지금 어두운 동굴에 있다고 그것이 끝이 아니다.
'어둠'이 있어야 '얻음'이 있기 때문이다!
'불행'을 느껴봐야 진정한 '행복'이 무엇인지 안다.

진정한 풍요로움과 자유를 원한다면 이 책을 한 번 읽는 것에서 그치지 않기를 바란다.
읽고 또 읽으며 하나하나 씹어 먹어라!
잠재의식 속에 스며들려면 반복뿐이다!
이해하고 적용하고 다시 반복하며 당신을 행복한 부자의 길로 안내하는 이 책의 메시지들을 당신의 세포 속에 저장시키고 실천하라!

당신은 단 하나의 놀라운 어메이징한 삶을 만들 수 있다!

충만하게 행복한 삶의 주인공은 바로 당신이다!

아름답고 소중한 당신!

찬란한 빛을 향해 아름답게 훨훨 날아오르시기를!

당당히 두 팔을 번쩍 뻗어 올려 기쁨의 눈물을 흘리는 날!

변화된 당신의 모습을 통해서 나 또한 기쁨의 눈물을 흘리며 당신께 뜨거운 축하의 박수를 보낼 것이다.

Special
Thanks

《더 플러스》출간에 아낌없는 도움을 주신 많은 분들께 감사함을 전한다.
어메이징한 추천사를 기꺼이 내어주신 켈리 최 회장님, 유영만 교수님, 김은미 대표님, 김수영 작가님께 큰 감사의 마음을 전한다. 책이 빠른 시간 안에 나올 수 있도록 온 마음 다해 도움을 주신 김하나리 편집자님, 박경순 대표님, 이고은 마케터님께 깊은 감사를 전한다.

이 책을 내기까지 뜨거운 응원과 지지를 보내준 마인드파워 패밀리와 우리 마인드파워 코치님들, 자신의 사례를 기꺼이 내주신 패밀리와 류현우 코치님께도 감사를 전한다. 그리고 지금의 나를 있게 해주셨고 언제나 내게 무조건적인 신뢰와 지지, 사랑을 보내주시는 아버지와 어머니께 존경과 사랑을 보낸다.

사랑과 축복을 담아,
조성희

1% 부의 시크릿을 더하는 17가지 법칙
더 플러스

초판 1쇄 발행 2020년 7월 16일
초판 8쇄 발행 2024년 2월 20일

지은이 조성희
펴낸이 김선식

부사장 김은영
콘텐츠사업2본부장 박현미
콘텐츠사업9팀장 차혜린 **콘텐츠사업9팀** 강지유, 최유진, 노현지
마케팅본부장 권장규 **마케팅1팀** 최혜령, 오서영, 문서희 **채널1팀** 박태준
미디어홍보본부장 정명찬 **브랜드관리팀** 안지혜, 오수미, 김은지, 이소영
뉴미디어팀 김민정, 이지은, 홍수경, 서가을, 문윤정, 이예주
크리에이티브팀 임유나, 박지수, 변승주, 김화정, 장세진, 박장미, 박주현
지식교양팀 이수인, 염아라, 석찬미, 김혜원, 백지은
편집관리팀 조세현, 김호주, 백설희 **저작권팀** 한승빈, 이슬, 윤제희
재무관리팀 하미선, 윤이경, 김재경, 이보람, 임혜정
인사총무팀 강미숙, 지석배, 김혜진, 황종원
제작관리팀 이소현, 김소영, 김진경, 최완규, 이지우, 박예찬
물류관리팀 김형기, 김선민, 주정훈, 김선진, 한유현, 전태연, 양문현, 이민운

펴낸곳 다산북스 **출판등록** 2005년 12월 23일 제313-2005-00277호
주소 경기도 파주시 회동길 490 다산북스 파주사옥
전화 02-704-1724 **팩스** 02-703-2219 **이메일** dasanbooks@dasanbooks.com
홈페이지 www.dasan.group **블로그** blog.naver.com/dasan_books
종이 아이피피 **인쇄** 민언프린텍 **코팅·후가공** 평창P&G **제본** 국일문화사

ISBN 979-11-306-3055-7 03190

다산북스(DASANBOOKS)는 독자 여러분의 책에 관한 아이디어와 원고 투고를 기쁜 마음으로 기다리고 있습니다.
책 출간을 원하는 아이디어가 있으신 분은 다산북스 홈페이지 '투고원고'란으로 간단한 개요와 취지, 연락처 등을
보내주세요. 머뭇거리지 말고 문을 두드리세요.